AF202679

Tucholsky  Wagner  Zola  Scott  Sydow  Freud  Schlegel
Turgenev  Fonatne
Wallace
Twain  Walther von der Vogelweide  Fouqué  Friedrich II. von Preußen
Weber  Freiligrath
Frey
Fechner  Fichte  Weiße Rose  von Fallersleben  Kant  Ernst  Richthofen  Frommel
Hölderlin
Engels  Fielding  Eichendorff  Tacitus  Dumas
Fehrs  Faber  Flaubert
Eliasberg  Ebner Eschenbach
Feuerbach  Maximilian I. von Habsburg  Fock  Eliot  Zweig
Ewald  Vergil
Goethe  Elisabeth von Österreich  London
Mendelssohn  Balzac  Shakespeare
Lichtenberg  Rathenau  Dostojewski  Ganghofer
Trackl  Stevenson  Doyle  Gjellerup
Mommsen  Tolstoi  Hambruch
Thoma  Lenz  Hanrieder  Droste-Hülshoff
Dach  Verne  von Arnim  Hägele  Hauff  Humboldt
Reuter  Rousseau  Hagen  Hauptmann
Karrillon  Garschin  Gautier
Damaschke  Defoe  Hebbel  Baudelaire
Descartes
Hegel  Kussmaul  Herder
Wolfram von Eschenbach  Dickens  Schopenhauer  Rilke  George
Darwin  Melville  Grimm  Jerome
Bronner  Bebel
Campe  Horváth  Aristoteles  Proust
Bismarck  Vigny  Barlach  Voltaire  Federer  Herodot
Gengenbach  Heine
Storm  Casanova  Tersteegen  Gilm  Grillparzer  Georgy
Chamberlain  Lessing  Langbein  Gryphius
Brentano  Lafontaine
Strachwitz  Claudius  Schiller  Kralik  Iffland  Sokrates
Katharina II. von Rußland  Bellamy  Schilling
Gerstäcker  Raabe  Gibbon  Tschechow
Löns  Hesse  Hoffmann  Gogol  Wilde  Vulpius
Luther  Heym  Hofmannsthal  Morgenstern  Gleim
Roth  Klee  Hölty  Goedicke
Heyse  Klopstock  Kleist
Luxemburg  Puschkin  Homer
La Roche  Horaz  Mörike  Musil
Machiavelli  Kierkegaard  Kraft  Kraus
Navarra  Aurel  Musset
Nestroy  Marie de France  Lamprecht  Kind  Kirchhoff  Hugo  Moltke
Laotse  Ipsen  Liebknecht
Nietzsche  Nansen
Marx  Ringelnatz
von Ossietzky  Lassalle  Gorki  Klett  Leibniz
May  vom Stein  Lawrence  Irving
Petalozzi  Platon  Knigge
Sachs  Pückler  Michelangelo  Kafka
Poe  Liebermann  Kock
de Sade  Praetorius  Mistral  Zetkin  Korolenko

Der Verlag tredition aus Hamburg veröffentlicht in der Reihe **TREDITION CLASSICS** Werke aus mehr als zwei Jahrtausenden. Diese waren zu einem Großteil vergriffen oder nur noch antiquarisch erhältlich.

Symbolfigur für **TREDITION CLASSICS** ist Johannes Gutenberg (1400 — 1468), der Erfinder des Buchdrucks mit Metalllettern und der Druckerpresse.

Mit der Buchreihe **TREDITION CLASSICS** verfolgt tredition das Ziel, tausende Klassiker der Weltliteratur verschiedener Sprachen wieder als gedruckte Bücher aufzulegen – und das weltweit!

Die Buchreihe dient zur Bewahrung der Literatur und Förderung der Kultur. Sie trägt so dazu bei, dass viele tausend Werke nicht in Vergessenheit geraten.

# Briefe der Liebe

Gerrit Engelke

# Impressum

Autor: Gerrit Engelke
Umschlagkonzept: toepferschumann, Berlin

Verlag: tradition GmbH, Hamburg
ISBN: 978-3-8495-2986-4
Printed in Germany

Text der Originalausgabe

Gerrit Engelke

# Briefe der Liebe

Werteste, Sie sind ein prächtiger Mensch! Wenn ich verraten muß, daß Ihre frischfrommfröhlichfreie weibmenschliche Art einen entzückenden Eindruck auf mich gemacht, werden Sie nicht allzu verwundert sein darüber, daß ich Ihnen zusegle. Ich glaube mich nicht getäuscht zu haben, wenn ich denke, daß Sie der rechte Mensch sind, der eines verschlossenen Mannes offene Rede zu verstehen, würdigen und bewahren weiß. Es ist die norddeutsche Art von Natur her, daß die Zunge nicht sagen kann, was das Innere spricht. Sehen Sie, so per Distanz geht's besser.

Wir wollen alle leben! Miteinander.

Ist der nicht des Mitgefühls wert, den sein ganzes Ich zum Einsamsein zwingt? Viel sind der Bemühungen des Armausreckens zu den andern – doch was hilft's, wenn der Gegenhändedruck sich versagt und das eigne Innere sagt: wende dich um, wende dich wieder in dich. Und *dennoch!* Wir wollen alle leben miteinander.

Mehr noch als sonst, bin ich jetzt im auflösenden Kriege allein. Allein im Schützengraben, von der Welt abgeriegelt. Könnten Sie die weibweiche Ergänzung zu männlicher Härte, Bereicherung und Aufhebung der Einsamkeit sein – könnte ich von Ihnen als ein Geschenk das Versprechen Ihrer Mitteilsamkeit mit hinausnehmen – ich würde aufgelockerter und froher die Tage um mich fühlen.

– Wissen Sie, es hat keinen Zweck, schneckengleich Fühlhörner auszustrecken, schweifwedelnd oder gar schmeichelnd sich unwahr und geziert (geschniegelt) einander zu nähern – meine bärbeißig ernste Weise geht auf den Kern. Ich weiß schon, ganz können Sie sich ein Lächeln hierüber nicht verkneifen – trotzdem möchte Ihnen das Ohr ein wenig klingen und ein besinnliches Horchen im Innern aufkeimen.

Ich weiß, daß ich auf eigne Rechnung und Gefahr mich entblöße. (Als Nordländer.) Doch, ich wiederhole: Sie sind das Weib, die dies aufzunehmen und zu tragen weiß. Möchte Ihr Plaudern bald plätschern.

Mit dem Klang eines gewissen Lächelns im Ohre –

*22. November 1917*

*Ihr Gerrit Engelke*

\*

Werte Frau, also doch haben Sie geschrieben!

Verständlich wäre ein Schweigen bei Ihnen immerhin gewesen – und ich hätte mich wohl oder übel damit abfinden müssen. Nun freut es mich doch, daß es nicht so ist. Daß Sie erstaunten, ist begreiflich. Hätten Sie aber nicht den Mut, das Fremdgefühl hinter sich zu lassen? Spontane Güte zu sein? Schätzt man doch Weichheit und Güte des Weibes am meisten – so ist es dies auch, was mir fehlt.

Es wäre Schwätzerei und Ihnen auch (weil unverlangt) gar nicht willkommen, wollte ich jetzt sagen, warum mir hinter Ihrem Brief und seit jenem Tage, da ich Sie sah – Ihre Persönlichkeit menschlich und liebwert steht. Schreiben ist ja doch nur Notbehelf und unvollkommene Überbrückung räumlichen Getrenntseins, das Ideale wäre immer: Nachbarlichkeit miteinander und offener Austausch dessen, was sich auf die Zunge drängt, von Mund zu Mund. Geben Sie mir Ihre Hand und sagen Sie, daß Sie freundlich zu mir sein wollen. Welche Hand wäre berufener als die eines Weibes, Ballast von einer Seele zu wälzen. Kann doch die Frau zugleich sein: mütterlich und gleichgenossig. Lächeln Sie, wenn ich zuweilen das Kind in mir fühle, das die streichelnden Finger der Mutter auf dem Haar spüren möchte, tröstend und gut. Lächeln Sie nicht, wenn ich sage, daß ein Mann nicht aussprechen mag, wie er sich wieder und wieder sehnt nach einem Wesen, zu dem er gut sein könnte, sei es eine Blume, sei es ein treuer Hund oder ein Freund. Ein Weib aber wäre die Summe alles dessen.

Mein langjährigster und vertrautester Freund ist vor noch nicht langer Zeit gefallen. Ich brauche nicht zu sagen, welch ein Verlust das ist. Seien Sie nur nicht ungehalten oder erkältet, wenn ich das angestaute Gefühl auf Sie, die ich schätze und für würdig halte, unmittelbar und unbekümmert um Förmlichkeit, übertrage.

Übrigens werde ich vor Weihnachten nicht mehr ins Feld kommen! Morgen Mittwoch früh geht's zum Ersatz-Bataillon nach Düren (Rheinland). Hier in Hannover war's ziemlich nüchtern und öde. Wie sind doch die südlicheren Menschen ganz anders als dieser kalte Menschenschlag hier. Eine Stunde des Plauderns mit Ihnen wäre mir mehr gewesen als die sechs hier verbrachten Tage. Nun – hoffentlich sehen wir uns, sofern der Friede nicht mehr allzulange Verstecken spielt, bald einmal wieder.

Ihr Gerrit Engelke

*

*Düren, den 14. Dezember 1917*

Den Teufel auch! Wollte Ihnen noch allerlei sagen im letzten Brief – hab's vergessen – und nun sitz ich im Kantinenraum (der einzige geheizte Raum der Kaserne) und kann vor Geschwätz und Gerauch und Krakeelerei der jungen Rekruten, die ihre Abendsuppe löffeln, nicht zu Wort kommen. So nehmen Sie dies Blatt denn wenigstens als ein Zeichen des guten Willens und daß ich herzlich an Sie gedacht! Selbst durch unsere dicken Kasernenmauern dringt schon ein Ruch von Weihnachtsaufgeregtheit. Sela, Gott hab sie selig, die Hirten von Bethlehem – wir sind beim Kommiß, und hier heißt der Herrgott der preußische Weihnachten!

Allerdings: Kuchen soll's trotz alledem bei der Kompanie geben. Wie vermisse ich hier in fremder Stadt die Stuben der Bekannten – Tag und Nacht im Kasernenquadrat hocken – doch habe ich allen Grund, vergnügt und wirklich festlich gestimmt zu sein! Ein neues Licht fällt da herein, gibt der Welt einen neuen Schein – nämlich meiner Welt. Von wem anders könnte das unerwartete Licht kommen denn von Ihnen?

Also: Eben gab's Nudeln, Nudelsuppe – tadellos! Versteht sich: zwei »Schläge« – einen richtiggehend und einen so, das heißt ermogelt. Denn nur »ehrlich« währt beim Preußen am längsten. Hätten Sie mitlöffeln mögen, zierliches Persönchen?

Guten Abend! Es denkt an Sie

Gerrit Engelke

*

*Düren, den 21. Dezember 1917*

Liebe Mai S. Eben erfahre ich, daß ich schon heute auf Munitionstransport muß. Weihnachten auf der Bahn –, das ist eine schlechte Perspektive. Na – wer weiß, wozu es gut ist. Für Ihren lieben Brief, den ich gestern erhielt, schönsten Dank. Also auch Sie sind traurig, Sie kleine Frau – können Sie denn traurig sein? Trösten Sie sich mit mir diese Weihnachten, mir geht's nicht besser. Nun wünsche ich Ihnen ein schönes und ruhiges Fest! Nehmen Sie beiliegendes Gedicht in Ermangelung eines Bessern.

Ihr Gerrit Engelke

# Frage

Nun Du!
Du neuer Blick und Atem gegenüber –
Dir zwing ich meine Lippen, weil ich muß
Und sage:

Sieh mich an!
Gesicht laß ruhen in Gesicht,
Es geht nicht anders mehr.

Wo ist denn Schuld,
Daß Stirne nun an Stirne stößt;
Das Herz, das sonst in Einsamkeit hinfror,
In taubem Kummer sich verlor,
Im Drang die schwere Zunge löst,
Ergriffen stürzt:
Du Weib!

Schließ auf, schließ auf
Den engen Ring, der meine Brust umpreßt!
Der mich nicht atmen läßt,
Der mich zum qualgepflügten Boden niederwarf,
Sooft ich meine Stirn erhob –
Du hast die Macht.
Du brauchtest nur mit Deinem Finger
An mein Herz zu rühren,
Damit es wieder sehend würde:
Und alle Türen, Horizonte, alle Himmel
Sprängen offen mir entgegen:
Ich schritte mächtig aus auf brausenden Wegen,

Bestürmt und durchwellt,
Zu neuem Lebensland!
Zu Deinem Herzen in der Welt!
Verbirgst Du Deine Hand?

Mai S. als Zeichen meiner Zuneigung
Gerrit Engelke

\*

*Worringen, den 22. Dezember 1917*

Liebe kleine Frau Mai, da sitz ich nun oben im Stellwerk und warte, daß mein Wagen Pikrinsäure ausrangiert wird. Das kann bei den jetzigen Verhältnissen einen Tag, kann auch zwei Tage dauern. Gestern und heute mußte ich in der Munitionsfabrik verweilen. (Dormagen bei Worringen, Köln.) Ich wurde das Gefühl eines merkwürdigen, taumelhaften innern Gespanntseins nicht los, solange ich in diesem riesigen Bezirk, angefüllt mit Laboratorien, Werkstätten, Feuerwachen usw., war. Es kam mir vor, als ob ich mit diesen tausend Arbeitern auf einer einzigen riesigen Mine herumtanzte, deren Zündung in irgendeines Unbekannten Händen läge. Und auf diesem überdeckten Vulkan: der Tanz der Menge ums goldene Kalb, die Jagd nach dem Golde. Die Nacht verbrachte ich neben belgischen Arbeitern in einer Baracke unter sechs wollenen Decken.

Vor dem Einschlafen dämmerte mir so etwas wie Erkenntnis auf. Dieses mein ewiges Unbefriedigtsein der letzten Jahre – es ist wohl der Übergang zum Mann. Die Jünglingsillusionen, so wenig und kurz sie waren, fallen langsam aber um so sicherer ab, und unmerklich fast treibt die Zeit einen in die nüchterne Klarheit des Mannesalters. Einem Unkundigen könnte es komisch vorkommen, daß ein Siebenundzwanzigjähriger so spricht. Aber ich bin schon von Kindheit an sehr frühreif gewesen und komme mir seit langem so vernünftig vor wie ein alter Mann. Bis dann ab und zu mal wieder irgendwie und durch irgendwen diese Vernunft glücklicherweise über den Haufen geworfen wird. – Da haben Sie wieder ein Stückchen Konfession.

Hören Sie, Mai, Sie müssen mir etwas von sich erzählen – von Ihrer Seele (die beim Weib Gefühl heißt). Ich habe so lange keine weichen Worte vernommen und sehne mich danach.

Gerrit Engelke

*

1. Weihnachtstag 1917

Liebe kleine Frau Mai, erhielt eben Ihren Brief vom 23. Aber hören Sie: ich mag nicht, daß man sich irgendwie um mich sorgt. Haben Sie doch sicher auch Ihre täglichen Sorgen. Ich bin ein fremder Mensch für Sie, der nichts beanspruchen kann und mag. Sehen Sie, ich habe einen breiten Rücken, der allerhand zu tragen versteht. Wir sitzen hier gemütlich beim Teepunsch in unserer Kasernenstube. Es schneit wie verrückt draußen. Großartig! Unsere Weihnachtsfeier gestern abend war ganz hübsch. Von der Kompanie war alles mögliche auf die Beine gestellt. Kuchenmänner, Äpfel, Taschentücher, Rauchbares und gutes Essen gab es genügend. Morgen abend gehe ich ins Konzert. Musik! Vor allen Dingen! Mehr noch als auf dies alles freue ich mich auf zehn Tage Urlaub, die ich wahrscheinlich am 28. erhalten werde. Ich hoffe bestimmt, Sie dann oder wann, hier oder da zu treffen! Auch nehme ich an, daß Sie nicht ausweichen werden. Ich freue mich auf eine Begegnung mit Ihnen. Haben Sie wirklich an mich gedacht? Daß ich's getan, brauch ich nicht zu sagen. Wie sollte ich schlecht von Ihnen denken, daß das Paketchen nicht kommt? Wie gut ich von Ihnen denke, mögen Sie daraus ersehen, daß ich Ihnen zur kleinen Freude ein anderes Gedicht abgeschrieben habe. (Könnte ich mich besser und dankbarer zeigen!) Ganz Ihr

Gerrit Engelke

*

2. Weihnachtstag 1917

Sie Liebe, ich weiß nicht recht, wie ich Ihnen danken soll für Ihren lieben Brief, der mich so glücklich gemacht. Wann hätte ich je ein solches »Ja« gehört. – Doch wie eigennützig muß ich mir selber vorkommen, da ich soviel von Ihnen erhalte – denn was gebe ich Ihnen? Wie werde ich mich freuen, wenn ich erst, als ein äußeres

Dankzeichen, meinen Band, der bald erscheinen soll, in Ihre Hände legen kann. In Ermangelung von etwas Besserem. Ihre Aufforderung zu rückhaltloser Offenheit gibt mir Mut. Wie schön haben Sie das gesagt, daß der Verstand wohl, nicht aber der Geist dem Gefühl fremd ist – und daß durch Nachdenken erst Empfindungen gesteigert werden. Sind doch auch die besten Gefühle immer die innigernsten.

Ich habe den ganzen Tag, da ich Ihren Brief erhielt, Musik in mir gehört. Das kommt vom Freuen. Wann kann ich mich einmal recht wieder an Musik berauschen – wann die Alten, die ich so schätze, Rameau, Boccherini, Gluck ... wieder hören? Und – mit Ihnen. Ich liebe nichts mehr als Musik, und danach: das Meer, das Weib – die Grenzenlosen.

Lassen Sie mich Ihnen nochmals danken für den Brief, der mich so glücklich gemacht. Wohl habe ich einen Freund (der auch der Ihre ist) – doch wie löst sich so vieles aus dem Hin- und Herneigen männlicher Härte und weiblicher Weichheit vollkommener ins Licht.

9 Uhr abends. Komme eben vom Konzert zurück, und nun ich das erste Geschriebene übersehe, kommt es mir wie Stückwerk vor. Ich denke, es wird sich so manches besser und unbeschwerter sagen lassen, wenn ich nächstens Sie sehe.

Ihr Gerrit Engelke

*

*29. Dezember 1917, abends*

Liebe kleine Frau Annie, wie bin ich glücklich, Sie bei diesem Namen nennen zu dürfen, den Sie am liebsten hören. Ist es mir doch ein Zeichen für die Wärme Ihrer Zuneigung.

Der arme Junge hat nun, wie Sie aus zwei voraufgegangenen Briefen schon ersehen, die Weihnachtstage nicht auf der Güterbahn zubringen brauchen; er kam noch rechtzeitig zum Heiligen Abend zurück. Gott sei Dank. Für Ihre Teilnahme meinen Dank. Es ist mir aber wirklich noch nicht ganz recht, daß Sie sich um zwei Paketchen für mich mühten. Ich kann Ihnen recht nachfühlen, wie sehr Sie gerade zu Weihnachten Ihre Kinderchen vermissen. Sind doch auch die kindlichen Gemüter am empfindlichsten.

Am 28. bin ich nun unvermutet auf Urlaub gefahren und sitze nun seit dem Morgen des 29. hier im Diezer Mühlchen.[1]

Nun seien Sie so lieb und bringen mir eine Freude in diese weiße Wintereinsamkeit – durch ein Zusammenkommen. Ich glaube, wir treffen uns am besten in Niederlahnstein. Was meinen Sie? Am 5. Januar morgens fahre ich von hier wieder ab.

Seien Sie nicht hartherzig, Annie-Mai.

Gerrit Engelke

\*

*2. Januar 1918, morgens*

Annie, Du weißt, daß ich Dich lieb habe. Und wenn Du es nicht weißt, so mußt Du es gefühlt haben. Ich war so grenzenlos allein, als Du fortgefahren. Wen habe ich denn? So klammert sich nun alles, was mir ich heißt, an Dich. Wirf mich nicht fort! Sieh her, ich bin ein Kind – und lege meine Hand so gläubig in die Deine – – Ich rede wie ein Kind, und muß es doch. Ich war so glücktraurig gestern abend. Wann trage ich nicht mehr diese Mauer mit mir? Wann wird die Wärme ihre Hülle sprengen?

Immer denke ich an Dich. Wenn ich einschlafe, denke ich an Dich. Ehe es dämmert, bin ich wach und denke an Dich. Immer denke ich an Dich! Wie lange schon sage ich in meinen innersten Gedanken Du zu Dir. Sind wir nicht beide so sehr Menschen, daß es eigentlich nicht anders zu denken ist?

Ich hatte noch einen schönen Apfel in der Tasche, den solltest Du haben. Als ich zum Bahnhof komme, merke ich Tropf, daß ich ihn noch immer im Mantel habe. Könnte ich Dir etwas Liebes erweisen!

Wie endlos werden mir jetzt Zeit und Raum, die sich zwischen uns drängen, vorkommen. Wann seh ich Dich wieder – könntest Du hier sein, lange, den ganzen Tag, die ganze Woche – denn nur so könnte ich mich überwinden und auch äußerlich zu Dir hinwachsen. Hilf mir, daß das Leere zwischen uns weicht. Du kannst es.

---

[1] Schloßmühle von Oranienstein bei Diez a.d. Lahn.

Entscheidung reift und fällt. So wie ich bin, will ich Dein sein. Kenntest Du mich ganz! Aber warte – im Frieden, da *soll* es schön werden. Da bin ich in Deiner Nähe. Unbedingt. Muß da nicht ein neuer Frühling werden? Wie lange bin ich in Ernst und Lieblosigkeit gegangen. Nun tut sich alles so merkwürdig auf, wie ein unbekanntes Fenster, durch das man mit einemmal ins Weite sieht.

Ich denke, Du streichelst mir wieder die Hand und sähest mich an.

Gerrit

*

*2. Januar 1918, Nachmittag*

Ich sitze heute den ganzen Tag im Sofa. Es ist so schön, dazusitzen und nur an Dich zu denken. Vom 2. Weihnachtstag-Konzert klingt mir noch immer Schubert-Goethes Musensohn im Ohr.

> Ihr gebt den Sohlen Flügel
> Und treibt durch Tal und Hügel
> Den Liebling weit von Haus.
> Ihr lieben holden Musen,
> Wann ruh ich ihr am Busen
> Auch endlich wieder aus? –

Könnt ich in Deinem Arm mich ausweinen – ich tat es so lange nicht – einmal wieder den Schlamm vom Herzen spülen. Es wäre *auch* Glück.

Mir ist, als müßte alles anders werden, als müßte alles ein neues Gesicht bekommen. Als müßte jetzt alles Gute und Frohe in mir wieder aufatmen an Deiner Wärme.

Ich bin so voll von Dir, und habe Dich doch nicht, und muß Sehnsucht tragen. Annie – weit weg. Annie, wie lange wohl noch so – weit weg? Deine Augen waren so zärtlich matt – ich hätte sie küssen mögen.

Von den Bildern darfst Du *eins* behalten. Ja, sieh: so sah ich früher aus. Magst Du mich leiden?

Toter Abend. Still. Ganz allein. Nun hab ich den ganzen Tag nichts anderes tun können als an Dich denken und schreiben. Aber, ich will Dir noch eins verraten, kleine Annie-Mai, wenn Du kühn genug und »schlecht« genug bist, darfst Du Dir die Bilder *alle* widerrechtlich aneignen.

Wann bekomme ich Dein Bild?

Liebe kleine Annie, Du *mußt* Dir etwas wünschen! Ich muß Dir etwas schenken! Sonst bin ich betrübt und böse!

Ganz Dein Gerrit

\*

*9. Januar 1918*

Warum hebst Du Schatten vor das Licht? Weil Du älter bist, weil Du Kinder hast –

Ich muß sagen, daß es mich mehr als zur launenhaften Unreife junger Mädchen immer zu der reifen Vollkommenheit der Frau gezogen hat. Aus dem Altersunterschied kann also (so wie ich jetzt denke) keine Störung der Harmonie erwachsen.

Du hast Kinder. Sie sind aus Deinem Leibe und untrennbar von Dir. Ich kann mir nicht denken, daß Du mit Rücksicht auf sie moralische Bedenken gegen unsere Verbundenheit haben solltest. Dazu bist Du wohl menschlich zu natürlich und großherzig; und jede Hinneigung, jede Leidenschaft, sofern sie echt und gut ist, ist rein und frei. Dies ist es also wohl nicht. Die Sicherstellung Deiner kleinen Familie wird's sein. Nun, in dieser Richtung Bestimmtes zu sagen, wäre für mich jungen Menschen von zu mächtiger Tragweite. Wäre eine Heirat für mich als Dichter immerhin beschränkend, so wäre sie mir als dem Menschen um so erwünschter. Und in der Konsequenz der Liebe gäbe es keine Hindernisse durch miteinzuschließende Kinder. Aber die praktischen Grundlagen fehlen. Meine Existenz ist zu unsicher. Ist es doch bis jetzt immer nur soviel gewesen, um mich durchs Leben zu schlagen.

Ich erhielt Deinen Brief hier im Revier, wo ich wegen Influenza etliche Tage bin. Ich kann nicht sagen, daß ich traurig oder daß ich froh bin. Ich resigniere. Soll vor der Perspektive der praktischen

Zukunft die Flamme, die eben zu flackern anfing, sich selbst verzehren? Zwei Menschen sich nicht des Gefühls, das man Liebe nennt, bekennen dürfen? Zwei Menschen, die fühlen, daß sie einander Glück geben könnten, mit Willen und Vernunft solche Regungen in sich ersticken und wieder jeder für sich, engbrüstig und mechanisch, ihre Tage dahinwandeln – einsam und leer? Damit wäre der Anfang gleich Ende. Ich glaubte, daß es in meiner leeren Brust wieder zu blühen anfangen wollte, wie vor sieben Jahren, da mich zum erstenmal die Liebe so selig schlug –

Ich weiß nicht mehr, was ich noch sagen sollte. –

Gerrit

*

*11. Januar 1918, abends*

Lieb, lieb Annie, kleines krankes Frauchen (mein Frauchen? ja könnt ich das sagen!), kleiner zarter Vogel Du – eben bekomme ich Deinen Kurzbrief und muß nun um Gnade bitten für meine Sünde. Habe ich doch so einen bittertraurigen Brief an Dich geschrieben, der Dir Schmerzen machen wird. Aber nun ich mir vorstelle, wie Du da mit heißem Köpfchen im Bett liegst und vielleicht gar an mich denkst, und besser als ich's in dem Brief getan, da denke ich, ich muß es wieder gutmachen und Deinen Kummer beschwichtigen. Sieh, ich hatte mich die halbe schlaflose Nacht hier in der Krankenstube mit allem möglichen herumgequält (was uns betrifft) und konnte doch nicht ins klare oder zu einem Entschluß kommen. (Jeder Schritt wäre verantwortungsvoll.) An dem Schwarzsehen nun ist ja sicher auch meine Influenza schuld, denn ich war in deprimiertester Stimmung; dazu kam, daß ich (oder eben aus dieser Stimmung heraus) Deinen großen, etwas dunklen und unklaren Brief als ein »Nein«, als ein Hintrösten auf ein späteres Nirgendwann auffaßte.

Möchtest Du's zum Heile unserer Herzen nicht so gemeint haben! Vergib, wenn ich Dir weh getan, mein Lieb! Wenn ich mir die Zukunft recht ernst ansehe, kommt mir alles so schwer vor – und doch hab ich Dich lieb und kann mir denken, daß diese Liebe, dieses Ineinanderbeglücktsein mit der Zeit wachsen wird zu einem Meer, das doch auch zuerst nur ein Quell war. Sei mir nicht mehr böse.

17

Wenn Dich meine schlechten Meinungen aufgeregt oder traurig gemacht haben – verzeih es mir. Sei mir bald wieder gesund!

Daß aus der Reklamation nichts wird, ist schade – da werde ich dann zum Frühjahr wohl (oder früher?) wieder in den Graben wandern. Es küßt Dich mitten auf den Mund

Dein Gerrit

*

*Sonntag, den 13. Januar 1918*

Lieb Annie, mein krankes Vögelchen, bitte, denke nicht so schlecht von mir, wenn ich Dich erschreckt und in Deiner Krankenruhe gestört habe. Jedoch – ich bin nun nach Erhalt Deines Briefes vom 12. ganz ratlos. Müssen doch Mißverständnisse da sein. Ich weiß noch immer nicht, was Du meinst. Sag es nun bitte klar und deutlich.

Sollte der große Brief eine vorsichtige Abweisung meiner Liebe sein?

Eine sanft richtigstellende »Belehrung«, ein Hinweisen zur Freundschaft? Ich weiß es nicht. Und doch waren so liebe süße «Worte darin! Sag sie wieder! Komm und sag es Aug in Auge. Sag wenigstens, daß Du mich gern hast, wenn Du nicht mehr sagen kannst. Ich bin hier so unglücklich und habe niemand denn Dich. Von den Eltern (in Amerika) und den Verwandten seit langem abgeschlossen – habe ich nur Dich. Wie sollte ich meinem Geschick danken, Dich gefunden zu haben. Du kannst mich aus meiner Einsamkeit zu Dir ins Glück erlösen! Füll wieder meine leere, erstorbene Brust mit Deinem Blühen, mit Deiner Güte und, es ist alles und viel: mit Deiner Liebe. Gewiß, ich bin mitunter schlecht und schroff; hör es nicht, sieh es nicht; man hat mich nie verwöhnt, und hat das Leben es mir schwer gemacht, ich hab es mir selbst noch schwerer gemacht in Verbitterung und Abgeschlossenheit. Doch kann ich nicht sagen, wie sehr mich die Sehnsucht immer gequält, nach Freude, nach Verklärung, nach Gutsein. Möchte ich doch jeden Tag, nun ich Dich, lieb Herz, gefunden, zu Dir hinstürzen, zu Dir mich retten aus diesem engen Elendleben. Wüßtest Du, wie es mitunter in mir aufstöhnt, ja aufschreit nach Dir, nach Deiner streichelnden Hand, nach Deinem Blick, wenn all dies Täglich-Allzutägliche zu schwer auf mich einfällt –! Du geliebte Frau! Ich habe es nie gelernt, leichtsinnig von den Frauen zu denken – zu schwer hängen mir Ernst und Ehrlichkeit an den Füßen; und hat jemand Achtung und reine Einfalt vor einem weiblichen Herzen – so hab ich es.

Bitte, bitte, Annie, nicht böse sein! Ich möchte Dir nur Gutes tun und mich Deiner wert erzeigen, und hab Dich beleidigt – Vergib! Vergib mir um meines armen Herzens willen, das nur Dir gehört und gehören soll. Wann wird uns der warme Tag glänzen, an dem wir einmal Hand in Hand wandeln, davon so heiß meine Sehnsucht immer träumt. Du hast den glücklichen Funken in mich geworfen, nun hebe Deine Hände darüber und hüte die reine Flamme. Ich habe mein Herz nackt und bloß in Deine Hand gelegt und vertraue Dir, nur Dir, daß Du es wohl annimmst und hegst. Mein zarter Vogel, sag, daß Du mich wieder liebst!

Gerrit

*

*Sonntagabend, den 13. Januar 1918*

Mein Lieb, noch schnell einen Gruß! Komme eben von der Stadt, und gleich geht's ins Bett. Bist Du noch böse? Hier ist mein Mund, und wenn Du nicht willst, daß er noch weiter Schlechtes, Schlimmes, Böses, ganz Böses sagt – so schließ ihn mit dem Deinen. Wie sind mir alle Tage lang und leer (trotz aller Widerwärtigkeiten) – ohne Dich! Wollte die Zeit doch schneller schwinden, daß ich endlich könnte neben Dir sein! Mitunter muß ich im stillen über uns lachen – denn sind wir doch gewiß kein heroisches Pärchen – sie: kränklich Sopranchen, und er: weltschmerzlicher Baßbuffo. Mein kleiner kranker Vogel, dem man die Flügel beschnitten, werde mir bald, bald wieder munter. Meine besten Wünsche sind bei Dir. Wenn es mir einmal recht säuerlich zumut ist, hilft mitunter, wenn ich mir das: »Wenn Du fein fromm bist, will ich Dir helfen« – – aus »Don Juan« vorpfeife. Mach es auch so. Wenn ich nun zu Bett bin, küß ich immer vorm Einschlafen meine Hand – und denke dabei an Dich. Und wenn Du mir nicht grollst (o Gewitter!), dann bete ich auch für Dich. Gute Nacht, kleines Fieber köpf chen! Schreib bald und sag, daß Du mir gut bist!

Dein Gerrit

*

*Montag, den 14. Januar 1918*

Mein zarter Vogel, laß mich Dir unendlich mal danken für die schönen Sachen, die ich nach Rückkehr von meinem Urlaub hier vorfand. Es schmeckte mir so gut, daß die ganze artige Herrlichkeit den einen Tag freilich nicht überlebte (zur Freude des sogenannten Magens).

Ich glaube, mir dämmert nun allmählich Verständnis Deines lieben, großen Briefes auf. So sehr Du mich darin mit beglückenden Worten überstürzt, so sehr respektiere ich auch Deine frauliche Reserve. Glaubst Du denn, daß ich Dich anders betrachtet hätte, als Du meinst, daß ich Deine bis dahin unausgesprochenen sittlichen Grundsätze angezweifelt hätte? Ich weiß, wer Du bist, und wes Herz ich begehr! Glückes genug, daß Du sagst: leiden mag ich Dich, und lieb haben werde ich Dich grenzenlos – später. Welch Wort für mich! Lieb, lieb Annie-Mai, kleiner Mai, zarter Mai–möchte das einmal vollkommen Wahrheit werden! Ich finde noch gar keine rechten Worte für dies heimliche Werden. Zu sehr lastet diese Zeit. Allein wenn ich Musik höre, strömt alles, alles bewegt sich Dir zu und will nur ruhen in Dir. Mein zarter Vogel, sei ruhig – so wie Du bist, hab ich Dich lieb! Das Herz kennt kein Alter. Ich mag die Mädchen nicht – denn wo könnte sich solche sinn- und ziellose Jugend mit einer Frau, mit einer Mutter messen. Du bist *das Weib.* Du weißt auch, ich sehe mit andern Augen. Zerreiß die beiden schlechten Briefe. Ich bereue nun aufrichtig, so ungeschickt und grob gesehen zu haben. Und doppelt, daß es Dich in Deiner Kränklichkeit traf. Könnte ich bei Dir sein und für Dich sorgen!

Glaubst Du, daß ich zart sein kann? Aber – zuletzt sind alle Worte unzulänglich, und nur Taten beweisen den Wert eines Menschen. Wann werde ich Gutes für Dich tun können? Bist Du bald wieder gesund? Vögelchen, laß mir nicht den Kopf hängen! Gute Besserung und Kuß

Dein Gerrit

*

*Dienstagabend, den 15. Januar 1918*

Mein Lieb, warum so schweigsam? Gestern und heute habe ich nichts von Dir gehört und bin traurig deshalb. Aber vielleicht bist Du noch zu krank, kleiner Mai? Dann schilt mich nicht egoistisch, von Dir soviel zu verlangen. Und doch hat ein Liebender in der Flucht seiner Sehnsucht einzig und allein Ruhe in der Geliebten. – In Dir, lieb Annie-Mai! Möge Dir das Büchlein willkommen und eine kleine Freude sein! Lies die römischen Elegien, die ich so gern habe. Liebste, alles, was ich Dir wünsche, ist vorläufig: gute und recht, recht baldige Besserung.

Ganz Dein Gerrit

*

*Donnerstag, Düren, den 17. Januar 1918*

Liebe, mit Bestürzung öffnete ich eben einen Brief fremder Hand aus Troisdorf. Aber, Gott sei Dank, es betraf Dich nicht. Mit Bekümmernis und Schmerzen warte ich nun schon den vierten Tag vergeblich auf ein Zeichen von Dir. Welch endlose Zeit, von Zweifeln durchschüttelt und aller Besorgnis um Deine Gesundheit Raum gebend. – Aber doch kann ich mir nicht denken, es sei auch, wie es gewesen sei, daß Du schweigen willst! Mein krankes Vögelchen, nur ein Wort, wie es um Dich steht! Es ist quälend, das Liebste krank und in fremder Ferne zu wissen, und hier hilflos hinhorchen zu müssen, ohne Gutes dazu tun zu können. Und dann auch: Du glaubst nicht, wie mich in diesem trostlosen Kasernendasein hungert und dürstet nach guten Worten von dem, das mir jetzt das Eine im Leben ist, darum immer wach mein Sehnen und Denken kreist. Lieb, lieb Annielein, erbarme Dich endlich! Höre: ich bereue aufrichtig, tief und schmerzlich, Dich verwundet zu haben – was nützt mir aber ängstlich Verzweifeln und Wüten gegen mich selbst – wenn Du nicht sagst, daß ich meine Finger auf Deine Wunde legen darf zur Heilung?! Solltest Du das nicht vergessen können, was die Unbedachtsamkeit eines Tages verschuldet? Doch – ich bin ganz gewiß, wieder Liebe aus Deinem großen Herzen auf mich ausstrahlen zu fühlen. Darum bekümmert mich denn auch mehr als dies alles Dein Kranksein. Wie lange mache ich mir schon die ernstesten

Gedanken darum – und jeden Morgen, wo wir um 6 Uhr vom Lager gebrüllt werden, mache ich mir Hoffnung und sage: Heute mittag kommt der Brief – und er kann nicht anders denn lieb sein. So ist es ein Jagen und Zuwarten der Gedanken von Stunde zu Stunde. Wärst Du doch erst wieder munter, mein kleiner, spröder Piepvogel! Ich habe solch unbändige Sehnsucht nach dem Sommer, nach Wandeln und Freuen mit Dir – nach Glück. Wer weiß – wer weiß? Nun sprich endlich wieder zu mir. Ich denke, wir halten uns beide für zu wertvoll und für einander bestimmt, als daß wir uns durch trübende Mißverständnisse gegenseitig verhärten wollten. Ich bin Dir so aufgetan und ströme alles Fühlen nur auf Dich, so wie Du es willst. Und gegenteilig habe ich die gewisse Zuversicht, Dein klopfend kleines Vogelherz einst ganz in meiner Hand zu halten.

Komm mit in den Sommer, an den Wellenstrand, in Wind und Sonne! (Langsame Zeit, die uns fesselt – graue Häuser – Amt und Fron – Alltag und Regenschneewetter – –)

Möchtest Du fliegen? Mitfliegen?! Ach, wir kriechen von Tag zu Tag. Dennoch: Ist Sehnsucht nicht der schönste Traum?

Einen Kuß auf Deinen geliebten Mund!

Gerrit

*

*Den 18. Januar 1918*

Liebe Annie, eben erhielt ich Deine kargen Zeilen. «Warum soviel Starrheit? Noch jetzt nach fünf Tagen. Ja, ich halte es auch fürs beste, mündlich ins Reine und Helle zu kommen. Obgleich mir Deine Worte fast bitter sind, werde ich mich dennoch zur Freude überwinden und Dich mit Herzklopfen erwarten. Deiner wieder stabilen Schrift entnehme ich mit Freude, daß Du wieder gesund bist. Und das ist die Hauptsache. Aber hättest Du mir das nicht mitteilen können? Ich habe beste Hoffnung, Deine Wehmut wieder in Frohsinn lösen zu können! Es wäre gut, wenn Du mir (bis Donnerstag spätestens) Nachricht geben könntest, ob und wann Du bestimmt am Freitag kommst.

Auf Wiedersehn! lieb Annie-Mai.

Gerrit

*

Mein Lieb, warum so schweigsam? Du weißt, wie sehr mich nach etwas Liebem von Dir verlangt. Willst mich wohl gar auf halbe Ration setzen? Kann ich doch meine innere Einsamkeit nur durch Beschäftigung mit Dir betäuben. Und das verlangt immer neue Nahrung – neues Leben. Wär's erst Freitag! Kleiner Mai, mein zarter Mai, nun kann ich nichts anderes tun als immer wieder Deinen großen Brief lesen, der für mich so voll Süßem ist. Das Wetter ist hier so frühlingshaft, voll Sonne und Vogelgepiepse, daß ich mir nur denken kann, daß es frohe Stunden am Freitag für uns beide werden. Ich habe Dir nun doch soviel geschrieben, und Du schweigst. Lieb Annie, das mußt Du nicht. Komm bald!

Ganz Dein Gerrit

*

*Dienstag, den 22. Januar 1918*

Annie, Annie, spann mich nicht länger auf die Folter! Nun soll ich bis zum Montag warten, ehe mir Gewißheit über das Brennendste wird. Ich kann Dir nicht sagen, in welcher Verfassung ich die letzte Zeit bin. Aufzuckendes Licht und Freudeschimmer und schwärzeste Verzweiflung, darin mir das ganze Leben so leer, weil unerfüllt, vorkommt und in Gedanken ernsthaft vor dem Selbstmord steht. Spürst Du nicht, daß ein Verzweifelter an Dich pocht?! Und Du – weichst mir jetzt wirklich aus? Ich habe so das Gefühl, als ob Du Dir die Hände vor die Ohren hieltest und nur das hindurchsickern lie-ßest, was Du hören *willst*. Du antwortest nicht auf meine Fragen, Du sagst nicht, daß Du mich gern hast, sagst nicht, daß Du mir gut bist, und endlich, daß Du mich liebst! Ich fühle, daß andere Verehrer immer wieder dort in Deinen Gesichtskreis getreten sind, und das gibt mir einen Stich ins Herz! Ja, ich bin wahnsinnig eifersüchtig auf Dich – denn *ich liebe Dich*! Und da ich mein Ich, mein Herz ganz und gar darbringe, habe ich noch immer den törichten Glauben, ebenso reich und unbedingt beschenkt zu werden. Mit tiefem Schmerz muß ich sehen, wie Du mich, da nun vielleicht ein neuer Mensch in Dei-nen Gefühlskreis getreten, so schnell beiseite setzen kannst. Du sagst selbst, daß Du nie einen Mann recht geliebt hast – so wirst Du denn auch einem Manne nicht dies Schreckliche nachfühlen können, das in ihm frißt, nachdem er sein Herz, sich selber ganz an ein Herz geworfen, geklammert hat, das ihn nun auf schonende Weise, mit freundlichen Worten abzuwehren sucht. Hast Du doch so ganz anders sonst geschrieben, bist ganz anders auf meine Briefe eingegangen – nun ich Dir mein gequältes Herz hemmungslos ausschütte, hast Du nur freundliche, und wenn es hoch kommt, herzliche Worte dafür – aber darüber nichts. Nichts mehr von Liebe, die ich doch aus Deinem damaligen großen Brief gespürt. O Annie, liebste Annie, hast Du mich doch Deinen kleinen Schatz genannt, hast Du mir doch gesagt, daß Du mich später grenzenlos lieben würdest – daß Du Glück zu geben vermöchtest – –

Nun machst Du mein Herz wieder bluten, machst, daß ich innerlich aufstöhne vor Schmerz. Warum muß ich voll Kummer sein und des Nachts weinen über Dich? Ich frage mich, ob ich denn so schlecht oder zu gering oder häßlich bin – daß die Liebe, die Glück und Leben ist, immer an mir vorbeigeht. Nicht zum erstenmal. Ich kenne mein Geschick, das sich gegen mich verschworen hat. Annie, höre nochmal: ein Verzweifelter pocht an Dich! Erbarme Dich. Könntest Du so herzlos sein, mich mit glatten und artigen Worten zu umgehen? Liebe mich – oder sei schlecht zu mir, aber nur nicht höflich.

O sprich, daß dies alles nur schwarze Träume, daß meine Auffassung grundlos, daß es in Wirklichkeit ganz anders um Dich und mich steht – sag dies! Damit ich Dir mit Freude entgegenkommen kann, wenn Du endlich, endlich am Montag kommst.

Dein schmerzensreicher Gerrit, der Dich liebt

*

*Düren, den 24. Januar 1918*

Aber warte, Strolch, dafür bekommst Du, ob Du willst oder nicht, einen ganz herzhaften Kuß! Wofür? Für Dein Telegramm! In der vergangenen Nacht hatte ich einen Traum, in dem immer ein Frauenzimmerchen herumgaukelte. Die Gesichtszüge konnte ich trotz Bemühungen nicht erkennen. Sie bewunderte einige von meinen Zeichnungen, die gerahmt neben einem Fenster an der Wand hingen. Danach sah ich sie auf einer Terrasse nach mir ausspähen, als ich aus einem Mauerversteck hervorsah. Ich fühlte warmes Sonnenlicht auf meinem Gesicht. Und nie bin ich so ungemein vergnügt gewesen wie in diesem Traum. Habe andauernd laut gelacht. – Als ich, nach dem Wecken, schon längst wieder im Diensttrubel war, habe ich noch lange lächelnd über dies ungewohnte Traumlachen sinnieren müssen. Der Traum muß gute Vorbedeutung gewesen sein. Bald darauf kommt ein Mitsoldat. Sagt: Habe ein Telegramm für Dich und weiß nicht, ob ich Dir traurige oder frohe Nachricht bringe. Was Trauriges kann es gar nicht sein, sage ich. Und siehe da: Telegramm aus Troisdorf, Schrift: Annie. »Sei ganz beruhigt, alles nichts als Unpäßlichkeit.« Strolch, Herzlieb, Du liebste Frau, ich war auf alles gefaßt, d.h. auch auf eine Bestätigung meiner schwärzesten Gedanken – und nun: das Gegenteil! Soviel Glück auf einmal. Annie, nun halte ich Deine Hand wieder in meiner, und presse sie gegen meine Brust, wo das Herz ist, und sage: Hörst Du? Das ist Freude! Ja, nun tanzt und lacht es wieder darin. Aber nun kannst Du immer noch nicht kommen? Komm doch bitte im Januar noch, denn vielleicht geht's im Februar wieder an die Front.

Dein Dich liebender Gerrit

*

*Düren, den 28. Januar 1918*

Liebste, das war mir eine große Freude, Deinen Brief vom 26. zu lesen und Dein liebes Bild in der Hand zu haben. Ich muß es wieder und wieder verstohlen betrachten. Ja, Du gefällst mir sehr, kleine tapfere Frau! Nun habe ich Dich doch endlich gestaltlich vor mir und kann Dich bewundern, so oft ich will. Und ein paar herzige Kinder sind das; und sehe ich richtig, so spricht Gemüt aus ihren Augen. Haben sie das wohl von der Mutter?

Kann mir wohl denken, daß Du etwas ungehalten über meine Schreibfaulheit bist. Verzeih. Die kleine Pause habe ich mit Absicht eingeschaltet. Erstens: Um mich vom Alp der letzten Tage zu befreien und mich etwas ins klare zu denken – zweitens (o pure Bosheit): um Dich ein wenig zu reizen. Und siehe da, Anniechen singt sehnsüchtig. Kleiner Mai, wärmsten Dank für den Brief nochmals. Da sehe ich doch mal wieder, daß Du auch lieb sein kannst. Und dann: halt den Kopf hoch, lieb Annie, später wird alles besser. Hättest wohl auch etwas mehr Mut, wenn ich in Deiner Nähe wäre?

Geduld, im Oktober bin ich mit Dir in Berlin. Bestimmt hoffe ich, daß der böse Krieg bis dahin zu Ende ist. Ja, wann kommt man endlich hier heraus? Wann kann man wieder die Ellbogen rühren und den Nacken straffen, in der gewohnten Sphäre wohnen und in der Kunst leben? Da ich in der ersten Zeit nach dem Kriege ernstlich als Maler arbeiten will, läßt es sich gut einrichten, daß ich auch einmal in Berlin hause. Mit Dir, mein Schatz! Daß ich mich bemühen würde, Dir soweit als möglich mit Rat zur Seite zu stehen, versteht sich von selbst. Überhaupt, wenn Du meinst, daß ich nicht heiraten will – irrst Du! Ich habe mir so manches überlegt und denke, daß es letzten Endes doch eine Heirat (wie sich das Wort pathetisch anhört für mich) ist, die Ruhe gibt. Und schließlich wird es unser Geschick am besten wissen, warum es gerade uns einander gegenübergestellt hat. Zur Klärung dieses Kardinalpunktes müssen wir uns freilich noch recht aussprechen. Wann kommst Du endlich? Hoffentlich doch Anfang Februar. Du möchtest wirklich bei mir sein? – Du wirst sehen, daß ich nicht nur friesisch-barsch, sondern auch zart und zärtlich sein kann; und lieb haben – ja, darüber sage ich nichts.

Ich glaube, daß sich mein Brief am Sonntag bei Dir eingefunden hat und Dir die erwartete Freude gebracht hat. Nein, nein, nun mach Dir keine Kopfschmerzen mehr, ob Du wieder »Mißgriffe« getan oder nicht. Unsinn! Von Dir ist mir alles lieb. (Meine Stubengenossen, die mich als den Ernsten kennen, verwundern sich und sagen: wenn Du Briefe bekommst, lachst Du immer, und als das Telegramm kam, auch. Das müssen lustige Briefe sein.) Ja, ja das müssen lustige Briefe sein – weißt Du auch, daß Du mitunter hierher telephonierst? Wenn's mir nämlich im linken Ohr klingelt, weiß ich, daß Du an mich denkst! (Das nenne ich mein Telephon.) Und wenn das Klingeln manchmal gar zu stürmisch und lange anspringt, sage ich: ja, ja, es ist alles gut, alles gut! Nun bist Du sogar bekümmert darüber, mich statt schaffend angeregt, in Verwirrung zu sehen – Liebste, wie kann ich wohl schaffen, wenn ich verliebt bin! Hat doch nichts anderes Raum daneben. Laß mir diesen schmerzlich-süßen Taumel. Doch, sachlich: erstens läßt sich in einer Kaserne (Dienst von morgens 6 bis 7 Uhr abends) überhaupt nicht schreiben, und zweitens geht es nur, wenn man Lebensabschnitte abgerundet hinter sich hat. Keine Angst, wird schon noch genügend Papier verkritzelt werden. Große Lust habe ich, nach dem Kriege meine Zeichnerei und Malerei wirklich ernstlich fortzuführen. Kneip hat noch zwei Zeichnungen in der Schublade. Ich schreibe ihm gleich, daß er sie Dir schickt. Dann kannst Du Dein Zimmerchen damit schmücken. Dann wird's ja wohl von den Wänden und dem Bild auf dem Nachttischchen rufen: Hie Gerrit Engelke allerwege! Willst Du mir nicht mal Dein Zimmerchen vormalen? Möchte gern wissen, wie Du dort wohnst, denn wie Du Dich darin bewegst, kann ich mir schon vorstellen. Tausend Dank für Dein Bild, hast mir eine innige Freude damit gemacht! Ich möchte es immerzu mit mir tragen, aber dazu ist es zu schade. Ich erinnere mich da an eine kleine Verliebtheit, herrührend von einem Weihnachtspaketchen 1916. Da trug ich das Bild – Medaillon der Betreffenden – an feinem Goldkettchen auf meiner bloßen Brust; mußt denken im Schützengraben, in Dreck und Speck, es war ein entzückendes Gefühl, solchen niedlichen Luxus an sich zu tragen in der primitiven Lehmigkeit. Ein Zeichen aus der belebten Welt für uns Abgeschnittene.

Von meiner Kindheit soll ich Dir erzählen?

Ich habe keine glückliche Kindheit gehabt. Mit unserer Mutter, die früher vielen schweren Kummer hatte durch den Vater, litten wir Kinder, meine Schwester und ich. Nun, wo sie alt und vernünftig geworden sind, leben sie verträglich seit sieben Jahren in Washington. Meine Schwester hat sich dort auch verheiratet. Ich habe eigentlich nur mit meiner lieben Mutter Verbindung. So sehr ich äußerlich mein Vater bin, so sehr bin ich innerlich ganz und allein die Mutter, deren Sorgenkind ich immer gewesen, und nicht zu vergessen: ihr heimlicher Stolz. Die Liebe zur Musik, alles slawisch allzu Weiche in mir, die Empfindlichkeit und das gute Herz habe ich von ihr. Sie hat uns Kinder, wenn wir unartig waren – ich war als Knabe jähzornig und vertrug mich mit der Schwester wie Hund und Katz – nie schlagen können.

Nun gute Nacht, Liebste, denk an mich und hab lieb

Deinen Gerrit

\*

*Düren, den 30. Januar 1918*

Liebste Annie-Mai! Nun hoff ich doch, daß jeder Tag Dich mir näher bringt! Es war so schön gewesen, wenn Du hier gewesen diese Tage im warmen Frühlingswetter; jetzt haben wir wieder Nachtfrost, doch tags noch immer die schönste warme Sonne. Nun hab ich wenigstens die Freude noch vor mir. Wenn ich Dein Bild betrachte und Dich schöne Frau bewundere, fällt mir immer der eigentümliche Gesichtsausdruck Deines kleinen Sohnes auf – doch werde ich nicht klar darüber, was in ihm ist – könnte höchstens auf Treuherzigkeit deuten. Mir fiel auch ein, daß ich Dein Haar noch gar nicht gesehen! Ist's nun schwarz oder blond? Nächstens wirst Du einmal den Hut vor mir abnehmen müssen! Sela. (Tempo di Minuetto). Ich träume, phantasiere mit klarem Verstande ins Blaueste. Musik anhören mit Dir. Gehen am Seestrand mit Dir. Auch wohl von Küssen. Berlin, Berlin, Oktober zu zweien. Schöne kleine Frau, ich fühle, daß ich Dir immer mehr zuwachse. Doch tanzen kann und tu ich nicht. Aber schwimmen! Wonne in Wellen! Soll ich Dir einmal von meinen vier Faaborger Monaten erzählen? Tu's gern. Damals stellte ich meinen Rekord auf: Sechs Kilometer in drei Stunden (ohne Boot!). Damals war ich mehr im Boot und im Wasser als auf dem Lande. (Bitte: nachmachen!) Nur verliebt war ich leider nicht.

Dein Gerrit für immer

\*

O Liebste, nun hast Du mich ganz berauscht, und gewiß bin ich nun, daß Du mein bist. Froh und klar müßte ich nun sein – bin's doch nicht – ich bin so wehmütig nach Dir. Hängt immer ein Schatten über mir, der nicht weichen will. Warum sind wir nun wieder so weit auseinander in die Ferne geworfen? Komm, komm und banne meine Traurigkeit mit Deinem geliebten Munde! Küsse mich! Möchte ich doch alles von mir werfen und zu Dir stürzen. Bei Dir geborgen sein. Geliebte, ich glaube, Du wirst es mich noch lehren, mit heitern Augen in den Tag zu sehen. Du kannst es; Dir allein wird's gelingen. Wie entsetzlich lang und leer wird mir ohne Dich die Zeit werden; nun erst, da ich die Süßigkeit Deiner Lippen empfunden. Nun Du mich zur Liebe ganz wach geküßt. Ich habe nur ein paar Stunden um Mitternacht herum geschlafen; um 4 Uhr war ich wach bis zum Wecken. Ich habe von Dir geträumt und zwischendurch mit klaren Sinnen den gestrigen (leider so kurzen) Nachmittag wiedergeboren. Es ist Morgen, und ich habe eine kleine Weile Zeit, ehe ich auf Wache ziehe – vergeblich such ich mich zu erinnern – die Traumfäden schießen gekreuzt durcheinander zu einem verworrenen Gewebe – und mir bleibt nur ein Klang, ein Duft von Deinem Munde, ein Blick Deiner minutenweise so traurigen Augen – und alles so schmerzlich-selig von Melancholie umschleiert. Die kurzen, grenzenlosen Augenblicke, die gestern so viel Unsagbares bargen und offenbarten – sie kommen mir nun so ganz unwirklich schön vor, daß ich beim Zurückweg ein zärtlich-wehmütiges Schweben in mir spürte, einen Tänzer, der mit aufgehobenen Armen langsam und sehnsüchtig Dir zuglitt, aus mir wachsen fühlte, als stieg ein Neuer, mein ideales Ich über mich, als ginge ich nicht: ein Mensch in Uniform auf Straßenpflaster. Geliebte! – wir müssen uns bald wieder sehen! Sitze nun den Halter in der Hand und sinne – und kann nicht weiter schreiben. Fühle nur meinen Kopf auf Deiner Schulter ruhen und Deine Lippen auf den meinen. Ich hoffe nächstens, wenn die Urlaubssperre vorbei ist, doch einmal einen Tag nach Köln kommen zu können. Es schließt Dich innig in die Arme und küßt Dich auf den Mund

Dein sehnsüchtiger Gerrit
Sonnabendmorgen, den 2. Februar 1918

\*

*2. Februar 1918, abends*

Mein Lieb, dies Gedicht (folgt), aus Dir in mir geworden, lege ich in Deine Hände! Dahin es einzig und allein gehört.

Hab Dank für die seligen Augenblicke gestern. Sehnsucht hab ich nach Deinem Munde!

Heute bin ich auf Wache. Weißt Du, ich stehe da Posten am Tor, durch das Du gestern auch gekommen bist. Habe auch das Gedicht hier fertiggeschrieben. Als ich um dieselbe Zeit, um die Du gestern hier gegangen, am Tor patrouillierte, um halb drei, und an Dich dachte, mußte ich auf meine Lippen beißen vor Sehnsucht und Bewegtheit. Ich nahm und lüftete meinen Helm – und siehe da, wie war ich überrascht, in meinem Helm aus meinem Haar den Duft Deines Parfüms noch zu spüren!

Trotz allem bin ich etwas bekümmert darüber, daß Du gar nichts zu meinem großen Briefe sagtest, den darin aufgeworfenen Ernst unbeantwortet ließest und alles mit Küssen ersticktest ...

Vielleicht erhalte ich am Sonntag (10.) Urlaub (die Urlaubssperre geht bis zum 8.) und komme dann auf jeden Fall gegen vier Uhr nachmittags nach Köln! Schreib, ob Du kommst! Du *mußt* kommen, liebste Annie!

Dein Dich innig liebender Gerrit

*

2. *Februar 1918*

## Appassionato

Du hast durch Deinen Kuß
Mein stromvoll Blut geweckt
Und mein Gesicht warm aufgehoben aus dem Tag,
Daß mich nun uferlose große Nacht umspült,
Herwehend Glanz und Taumel.
Ein wiegend Zittern schwillt in meiner Füße Wurzeln,
Einströmen lassend Erde und Getön,
Und springt aus meiner Kniee Schreiten in die Brust
Zu meerbewegter Melodie,
Darin mein Herz, die Orgel rauscht.
Nun sich im Takte meine Sohlen heben
Und grenzenlos beseeltes Schweben
Die Glieder übergießt:
Hab ich die Arme aufgehoben,
Den Blick in Himmeldunkelblau zerstoben
Und fühl, wie meiner aufgelockten Haare Schopf
Die nachtbemalten Wolken streift,
Sternblütenkranz die Stirn umgreift,
Und tanze, tanze zu Dir hin!
Denn meiner segelwilden Sehnsucht Schauer,
All meiner Einsamkeiten Trauer,

Mein hin und her durchflutet Sein,
Und nun des sel'gen Leibes neue Lust:

Stürmt fort und fort an Deine Brust,
Will nur in Dir geborgen sein!

G. E.

*

*3. Februar 1918*

Sonne wärmt Licht auf meine Tischplatte in breiten Flecken; möge ein kleiner Abglanz davon, ein freundlicher Sonntagsgruß Dir, Herzallerliebste, nicht zu unscheinbar sein. Bin eben von Wache abgelöst. Die vier Nachtstunden, die ich vorm Schilderhäuschen stand, alles in schweigendem Dunkel, waren mir reichlich belebt mit Deiner Gegenwart. Noch heute werde ich nicht müde, *jeden* Augenblick Dein kleines Köpfchen, Deines Körpers zierlichen Rhythmus vor meinem innern Auge mit Seufzen und glücklichem Lächeln zu formen.

Wie eben so die verschiedenen Variationen des Typus Weib hier am Tor vorbeigingen, idyllische Dummheiten, breite Bürgerinnen, aufgeplusterte Modemädchen, straffe Tiere – da habe ich mich unbändig überlegen gefühlt mit Dir, denn ich meine, ich repräsentiere uns beide. Ja, ich bin jetzt sehr stolz auf Dich, stolz, daß Dein Ich mit dem meinen verschlungen ist, daß wir beide zueinander gefunden haben. Du bist nun mein Kleinod, mein Kostbarstes! Ich spreche es Dir nach: es kommt schließlich doch alles, wie es kommen soll. Ich vertraue Dir; hab ich Dir doch das Wort: Ich hab Dich lieb – von den Lippen geküßt. Und beredter noch als Dein Mund sind Deine Augen. Ich glaube nicht, daß ich das bin, was ich nicht sein will: die verliebte Laune einer Frau – sondern endlich vollkommen bin und sein werde: die Liebe eines Weibes! Seh ich die Liebeswege der andern Menschen an – so kommen sie mir so unsäglich trivial vor, daß ich mir mit geheimer Scheu sage, daß unser Weg ein vollkommenerer, ein schöner und guter sein soll, Du mein Kostbarstes! Du sagtest, Leidenschaft könne nicht groß sein – ich erwiderte, daß sich Leidenschaft mit Großem verbinden kann. Mit Absicht habe ich über das letzte Gedicht die Musikbezeichnung »Appassionato« (leidenschaftlich) gesetzt. (Ein wenig spätere Formteilung ist bei dem Gedicht noch nötig.)

Sieh! Dein Gerrit, der sich in Deine Arme sehnt.

*

*Montagmittag, den 4. Februar 1918*

Liebe, Liebste, eben wurde unsere Post verteilt – aber leider kein Brief von Dir. Ich dachte, Du hättest wohl Sonnabend geschrieben. Morgen hoff ich nun aber bestimmt, von meiner kleinen Frau zu hören! Kommst Du Sonntag nach Köln?

Weißt Du, Du hast mir ganz sonderbar ausgesehen, als Du den Hut abgenommen – ich kann den Eindruck nicht definieren –soll das schon etwas von dem Teufel (Marietta) gewesen sein? Ich liebe Dein durchgeistigtes Gesichtchen, aber zuweilen auch flößt es mir Schrecken ein.

Wenn Du Sonntag nach Köln kommen willst, bin ich auf jeden Fall da. Wenn ich keinen Urlaub bekomme, brenne ich durch.

Dies ist nun die sechste Mitteilung, die Du nach dem 31. erhältst! Grund zu klagen über Schreibfaulheit? Aber bitte, kleine Dame: revanchieren Sie sich!

Kommst Du: Und hast Du mir die Lippen wund geküßt, so küß sie wieder heil, und wenn Du bis abends nicht fertig bist – – – (Heine).

Gerrit

*

*5. Februar 1918*

... ich wußte, daß Du von Boppard schreiben würdest – – doch der Teufel hole die Schwester, wenn sie Dir nicht Zeit läßt, Deinem »Du« zu schreiben! Hat die auch 'ne Ahnung, wie er nach Dir hungert!

Ja, ich habe gezittert vor glücklicher Erregung, als ich Deine Zeilen las. Sicher wird es Dir eine Freude sein, ein Schock Briefe von mir in Troisdorf vorzufinden. Schreib aber bitte, ob Du (mit diesem) sieben Briefe seit Deiner Abreise erhalten hast.

Mit Deinem Brief erhielt ich einen von meinem lieben Bekannten aus Hannover. Künstlerisch sagt und bedeutet er mir wenig, doch schätze ich ihn und seine Frau als gute feine Menschen und habe mich recht an die beiden gewöhnt. Sie sind eigentlich die einzigen

Menschen (übrigens auch Rheinländer), die ich dort aufsuche. Wenn wir beide einmal später nach Hannover kommen, müssen wir, außer meinen Zeichnungen im Kestner-Museum, auch dies freundliche Paar besuchen. »Auf Freiers Füßen gehen« – hat er freilich phantasiert. Denn ich schrieb ihm nur: könnte ihm wenig schreiben, da ich augenblicklich verliebt sei und keinen Raum für anderes in mir hätte. (Vielleicht würde die Liebe mal meine Frau ...)

Du siehst aus dem Brief, den Du mir bitte zurückschickst, daß er sich um mich bemüht. Der kleine Satz am Ende von seiner Frau. Einen Grund, daß ich Dir den Brief schicke, habe ich noch: ich möchte, daß meine Freunde auch die Deinen einmal würden. Wollen wir doch alle werden (d. h. eigentlich wieder werden nach dem Kriege) anständige und gut-menschliche Europäer.

Geliebteste Frau, so wie Dein Wert (auf den ich stolz bin) zu dem meinen gehören und Vollkommenheit aus zwei Menschen zu Einem erschließen soll – so habe ich dankschuldigst den Willen und Wunsch, daß mein Wert als Mensch und Geist Dich allein unter den Frauen umwärmen, besonnen, Dich bereichern soll.

Es umarmt Dich Dein Gerrit

*

*12. Februar 1918*

Lieb, vergib, daß ich so lange schwieg. Ich war, ähnlich wie Du, in einem jener schwarzen Augenblicke befangen, wie sie wohl jeder Mensch von Zeit zu Zeit hat. Hinzukommende, eigentlich bedeutungslose Kleinigkeiten steigern dann die vorhandene graue Stimmung ins trübste Haltlossein. Da möchte ich dann am liebsten eine chinesische Mauer zwischen mir und aller Welt errichten. Wo ist da ein Licht, wenn man den Glauben, das Vertrauen zu sich selbst verliert? Dieser unselige Krieg, der mir die Kehle verstopft und die Arme gebunden hat! Es läßt sich nicht beschreiben, wie dies dreijahrelange Zusammengepferchtsein mit Menschen, die man in freiheitlicher Friedenszeit immer fliehen würde, absolut freudelos, unglücklich, massenstumpf macht. Da kann ich mir denn nicht anders helfen, als daß ich des Abends die Feldwege suche und in fruchtlosem Wüten gegen mich selbst und alles oder in resignierendem Fatalismus Lösung suche. Vergib, Geliebteste, daß auch Du darunter leiden mußtest! Und doppelt schmerzlich ist's mir nun, daß Dich mein Schweigen in traurigem Moment, da Du auf stärkende Nachricht hofftest, so unverdient traf. – Da Du über »Appassionato« nichts gesagt, nehme ich an, daß es mit dem begleitenden Brief verlorengegangen ist. Hier ist's nochmal. Es ist aus Dir in mir geworden, daher ich es in die Hände zurücklege, in die es gehört, in die Deinen. Nicht kritisch, sondern »nur« gefühlsmäßig sollst Du solches von mir nehmen und sagen, daß Du es leiden magst. Komm an meine Brust, wenn Du so schreckliche Sehnsucht hast! An der Deinen ruhe ich oft in Gedanken. Gedanken – wie blaß gegen Wirklichkeit! Und Ferne, die zwischen uns liegt. Wann werden wir einander leben? Liebe, Liebste, Glück in Deinen Armen.

Sei gut und treu Deinem Gerrit

*

*14. Februar 1918*

Lieb, mir gefiel, daß Du von dem neugierigen Frager in H. nichts wissen wolltest. Auch mir war das Schwätzen zuwider. Aber gewiß wirst Du mir nicht böse sein, daß ich dem Jakob mit knappen Worten von uns schrieb. Bin ich ihm als Freund doch dazu schließlich verpflichtet.

– Eben erhielt ich Deinen Brief vom 13. Lieb, nein, es liegt mir durchaus fern, Dich zu quälen oder zu kränken! Aus welchem Grunde sollte ich das tun? Das wäre doch Roheit. Bestrafen magst Du mich, aber ob ich keinen Kuß bekomme, werden wir ja sehn! Was meinst Du, wenn ich nun streike? Also auf herzliches Wiedersehn am Sonntagnachmittag.

Dein Gerrit, der sich sehr freut, Dich wieder zu sehn!

*

*15. Februar 1918*

Eben Deinen Brief vom 14. erhalten. Also gut – zwischen zwei und drei am Neumarkt. Kennen wirst Du mich unter allem Volk. – Aber ich Dich? Du mußt schon in Deiner ganzen Größe glänzen, sonst fürchte ich, verschwindest Du: ein Mäuschen unter Ratten. Meine Kennzeichen: Schönheitsfleckchen, d. h. Schramme über dem rechten Auge, hab mich nämlich nicht geboxt, sondern gestoßen;

weiter: Anzug aus grauen Quadratpflastern zusammengeschweißt. Elbkähne, d. h. richtige überhängende Haltung à la mode.

Hoffentlich erhältst Du dies Blatt am Sonntagmorgen. Habe von heute mittag bis jetzt, Nachmittag, ganz fürchterlich gefuttert und bin daher in »vollster« Stimmung. Schändlich, so materialgerecht zu sein; aber mitunter pfeift man tatsächlich auf den »Geist«. Für hundert Küsse und zwei Pfund Pralinen wollte ich auf den ganzen großen, abscheulich großen Staatsminister von Goethe verzichten. Ich freue mich auf den Sonntag. Weißt Du ein schönes Eckchen, Musik – doch schweig mir von den Küssen, die sind mir doch gewiß!

Dein Fisch

\*

*Montagmorgen, 18. Februar 1918*

Liebchen, das war doch gestern ein köstlicher Tag, nicht? Du mußt Dich aber ein klein wenig mehr in frischer Luft tummeln! Sollst mir nicht so blaß aussehn. Ich hatte, zurückgekommen, einen hübschen Appetit; das Brot mit Hühnchen hat famos geschmeckt. Nochmals vielen Dank für Deine artige Fürsorge. Aber sag, von dem Gedicht hast Du auch nicht gesprochen – ich wollte Dich nicht daran erinnern. Nun umfaßt mich wie Dich wieder der gewohnte öde Alltagsbetrieb – hier Militär, dort Industrie. Doch ich tröste mich mit der Zuversicht, Dich vor dem Ersten hier wieder zu sehen.

Später werden wir uns einmal zusammen photographieren lassen, gelt? Nun paß auf: Ich hoffe, daß Du Deine Tätigkeit dort nach Deinem Willen beschränken kannst, und es wäre schön, so ich drei bis fünf Tage Osterurlaub wohl bekomme, wenn wir sie im Mühlchen verleben könnten. Ja, ich will sehr wünschen, daß ich dann noch hier bin. Ich grüble und sinniere, womit ich Dir eine kleine Freude machen könnte – aber es fällt mir nichts ein – was willst Du auch mit mir armem Teufel? Zum Zeichnen komme ich hier gar nicht.

Es hält Dich im Arm und küßt Dich, soviel er will,

Dein Gerrit

*

Lieb Annie, erahnte Schwierigkeiten machten mich in schwächlicher Stunde mutlos. Das ist nun anders! Gewagt! Warum nicht? Nach Deinem letzten Sprechen sehe ich die Möglichkeit eines Zusammenlebens für uns. Daß es vorläufig dann kein üppiges Leben für uns gibt – darüber sind wir wohl klar. Aber – ich denke, trotz Genügsamkeit kann uns aus uns selber ein reiches, ein erfülltes und schönes Leben werden. Es kommt nur auf uns beide an. Daß es nicht nur Tage, sondern auch Nächte geben wird, ist schließlich auch gewiß – haben wir den Mut zu zweien, aneinander gestützt, die Sorge gleich fest wie das Glück zu tragen? Ich denke. Ist doch auch im menschlichen Leben das eine ohne das andere nicht denkbar. Ich kann mir auch gar nicht denken, daß meine Zukunft sich (vielleicht nach kurzer Wartezeit) nicht einigermaßen günstig gestalten sollte. Die Form der Lebensführung tritt vor der Gewißheit, daß wir einer in dem andern den innern guten Menschen suchen und lieben, an zweite Stelle. Gutsein! Dies vor allem. Höher als alles einzuschätzen ist dies, und so in zwei Menschen dies wohnt, versteht sich das Leben aus diesem von selber. Meine Du: und wenn ich der ärmste Mensch wäre, wolltest Du Dich dann doch an mich hängen?

Ja, Herzchen, das ist nun ein ganz vernünftiger Brief geworden; aber doch wohl so ganz gut. Komm bald! Ist es übereilt, wenn ich sage: vergiß mir den Ring nicht!? Gehören wir innerlich einander, so wollen wir auch als schönes und bekräftigendes Siegel, nicht für andere, allein für uns dies Liebeszeichen tragen. Sprich, wie denkst Du? Ich sehe schon in der Ferne das sich auftuende Tor der neuen Tage. Treten wir ein in den grenzenlosen wirren Garten des Lebens, der uns für immer und dauernd heißen soll: Glück! Ich wundere mich über mich selbst. Der verwirrende Überschwang, das ruhelos Machende der Liebe, der Sturm-und-Drang-Jahre fehlt zwischen uns – ich erstaune über diese ruhige, fast selbstverständliche Gewißheit, diese gelassen sich breitende Vorahnung von Glück und Klarsein, die sich meiner bemächtigt. Ich denke immer an Dich. Wo ich nur gehe, Schritte für mich gehen kann (wie gern!), bin ich froh erfüllt mit Denken an Dich. Ja, es ist nicht flackernde Flamme –

sondern wärmende, nährende und stetige Glut. Dies wird das Rechte sein.

Wie hattest Du Dich bepackt für mich und an mich gedacht – ich freue mich noch immer darüber.

Mit Kuß und inniger Liebe

Dein Gerrit

\*

*20. Februar 1918*

Liebste Annie, heute habe ich vergeblich auf einen Brief von Dir gewartet. Ich sinniere noch immer, was Dir an mir nicht gefallen könnte – bin aber ganz ohne Anhaltspunkt! Wie Du neulich sagtest, ob ich ein Tragen des Ringes Deines Mannes pietätlos fände – blieb mir noch auf den Lippen stecken: Dein Mann wird schließlich immer unsichtbar zu uns zweien gehören und sicher gütig verstehend auf zwei gute Menschen sehen, die sich zu Gutem verbinden.

Dein Gerrit

\*

*26. Februar 1918*

Meine Annie – vergib, vergib! Ich bitte Dich wie ein Kind, das eine Unartigkeit begangen! Wie unglücklich, da Dein Einschreibebrief erst heute hier ankam! Ich hätte ja sonst gar nicht so schreiben können – und glaube mir, ich kann mitunter nichts dazu, wenn mich das Dunkle in mir überwältigt und mich zwingt, mir und andern Menschen Schmerzen zu machen! Und doch bin ich erschrocken über die Wirkung, denn ich habe es doch so nicht gemeint und gewollt! Ich will es nie wieder tun! Sei Du mein Lehrer, meine Mutter, und lenke mich von solchem Bösen (das doch nur aus Ungeklärtem und Unverstand kommt) ganz zum Guten. Zu Dir, meine kleine herzliebe Frau! Ich will Dir alles wieder vergelten, und Du sollst später sehn, daß ich Wort halte. *Du kannst, Du darfst keine Entscheidung treffen!* Ich hab Dich doch zu schrecklich lieb! Und aus Deinem Brief (mit dem Kettchen), aus dem zum erstenmal Dein ganzer warmer Atem schlägt, fühle ich stärker denn je, was wir uns sind und wieviel mehr noch wir uns sein können. Verzeih, herzlich Geliebte, wenn ich Dir sage, daß mich der Brief unsäglich beglückt hat, daß ich nun so froh bin, daß Du das Leben mit mir teilen willst, und das Dunkle schon ganz wieder vergessen habe. Denk, es wäre das unartige Kind in mir gewesen, das die Mutter in Zucht nehmen muß. Es ist zu verwirklichen und soll verwirklicht werden, Dein Idol, Deine Sehnsucht nach einem idealen Leben. Ich will alles, alles tun, was Du willst! Du mußt so bald wie möglich kommen! Daß ich Verzeihung von Dir erhalte, denn eher finde ich keine Ruhe! Und den Ring sollst Du nicht senden, den mußt Du mitbringen, ihn mir selbst auf den Finger streifen! Bitte! Vergib, vergib! Telegraphiere ein Wort, ein Wort nur, daß Du mir verzeihst, und mehr noch als an anderm will ich daran Dein großes menschliches Herz erkennen!

Mit allen Küssen

Dein reuevoller Gerrit

\*

*1. März 1918*

Meine liebe, »süße«, kleine Dame, erst jetzt ist's mir möglich, Dir zu schreiben – und auch nur mit klammen Fingern. Denn bis jetzt (abends 8½) von morgens 4½(!) an hat der Dienst im Kalten gewährt. Vier Wochen, vier Wochen, willst, kannst, mußt, darfst Du mich nun meiden – wie entsetzlich lange, meine liebliebliebe kleine Braut; denn das bist Du nun ja »offiziell«. Es ist mir ein eigentümliches, komisches Gefühl, dies blanke Dingchen an meinem Finger zu sehen! – Weißt Du, wenn wir zusammen sind, stören mich immer die fremden Wände, fremde Menschen – erst wenn wir in unsern eignen Räumen sein werden und uns einen davon auf uns gestimmt haben werden, darin unser eignes Leben führen können, wird es ganz schön werden, und ich werde dann auch wohl etwas redseliger, berauschter und ein wenig aus meiner Haut schlüpfen, und große Freude wird es mir dann machen, Dir von mir zu erzählen, Dir vorzulesen – denn Du kannst doch so artig schweigen?! Und endlich: wird das Schweigen zu zweien vielleicht das Allerschönste sein. Und wenn Du mich lieb hast, wirst Du mir zuliebe auch Deinen zeitweiligen Schelm in die Ecke stellen; Du darfst auch keine schalkhaften Fäden spinnen – denn dann würdest Du mich unruhig und mehr noch: traurig machen und mich dadurch von meinen innern Zielen ablenken – und das willst Du doch sicher nicht, Liebling!? Wir wollen doch zusammen fliegen! fliegen, schweben, und sollen wir auch einmal wieder auf die Erde fallen, uns dann doch immer von neuem wieder erheben, Maivogel!

Übrigens: kann ich den Ring beim Waschen auf dem Finger behalten? Er will nämlich nicht mehr herunter. – Mein Herzchen, hoffentlich sehn wir uns doch Ostern endlich wieder – ich habe soviel Sehnsucht nach Dir und Ungeduld und kann das Glück gar nicht abwarten. Wie lange wird die Zeit uns wohl im Zwielicht halten und alles das, was in uns nach Hellem und Leben begehrt, dämpfen? (Gedämpftes Saitenspiel – Con sordino.) Wann springt die Flamme aus der Glut? Die Flamme, die uns wärmen, reinigen und grenzenlos selig verzehren soll –

Ich halte Dir die Augen zu und küß Dich auf den Mund!

Gerrit

*

*2. März 1918, abends*

Liebste kleine Frau, eben habe ich an die kleine Veronika gedacht. Eigentümlich wird's mir zumute, wenn ich mir vorstelle, daß sie und das Brüderchen mich gewissermaßen als Vater betrachten werden. Das ist wirklich eine lustige Rolle für mich. Aber die kleinen Menschen werden mich schon leiden mögen; bin ich doch mit Kindern und Tieren (die auch ein einfältig Herz haben) immer freundlich fertig geworden, weil ich sie immer gern gehabt habe. Ich sehe mich auch wieder, wie ich in Faaborg, die beiden Kleinen meiner Wirtsleute an der Hand, am Ufer ging, in die Wiesen, oder der kleinen Jutta das »Ny-Familibladet« kaufen half und manch belustigtes Kichern der jungen Damen hinter mir mit Gleichmut anhörte. Vielleicht werden mich Deine beiden Sprossen mehr als einen großen Bruder denn als Vater (»Papa«) sehen. Und Du wirst dann schließlich die liebe Not mit drei Kindern haben! Ich denke es mir so selig, wenn wir beiden des Abends heimkommen in unser Zimmerchen (wie auf einer stillen Insel, die in der Brandung des Tages liegt) und beim Licht gemeinsam essen, plaudern oder uns in sonstigen Alltäglichkeiten ergehen, die doch so viel wunderlichen Reiz einschließen für einen bis dahin Unbehausten und Heimatlosen. Selig aber ist die Nacht!

Darum an dem langen Tage
Merke Dir es, liebe Brust,
Jeder Tag hat seine Plage,
Und die Nacht hat ihre Lust. –

Aller Sehnsucht nie erschöpftes Ziel, aller vielgestaltigen Träume
Blüte, Flügelflucht aus Tagelärm und Ekel und Allermenschlichstes
voll schöner Göttlichkeit: Nacht. Hand in Hand gleiten, hintaumeln,
fliegen oder fallen in höchste Lust. Geschenk bist Du mir ganz; Deine
Augen, Dein Haar, Dein Mund, und endlich Dein warmer Leib –.
Geschenk bist Du mir ganz und immer heilig als das Kostbarste
meiner Jahre.

Hab lieb, immer lieb Deinen Träumer, Deinen Glühenden, Deinen
Beglückten, der im Innern lächelt!

\*

*Sonntagnachmittag, 3. März 1918*

Mein Liebstes, warum hast Du denn nicht mal am Freitag geschrieben, dann hätte ich doch heute nachmittag eine kleine Freude
gehabt. Nun – hast Du sie mir nicht bereitet, so tat's ein anderer
unbekannter Mensch. Ich lege Brief und Bild dieses Karl Seelig
hierbei. Die Guten in der Welt suchen sich und finden sich doch
einmal zur Gemeinschaft zusammen. Kannst Dir denken, daß sol-
cher Brief das Blut schneller durch die Pulse fließen macht und die
Hoffnung auf eine bessere und schönere Zukunft in Europa glücklich belebt.

Aus Sonntagsfeierlichkeit habe ich Armband und Ring angetan.
Den Ring mußte ich nämlich abtun, da der Finger ob der unge-
wohnten Einschnürung geschwollen war. Auch haben sich kürzlich
schon zwei Mädel über mein Armbändchen lustig gemacht, mögen
sie, ich trage diese Fessel gern und wünsche, daß ich noch immer
mehr an Dich gefesselt werde, innerlich wie äußerlich. Ich fürchte
nicht, daß meine poetische Triebkraft dadurch gelähmt – sondern
viel eher gesteigert wird. – Liebste Annie, in zehn Jahren wärst Du
eine alte Frau? Erstens: denke nur, welche Zeit: zehn Jahre! Welche
Summe von menschlichem Leben werden sie bergen! Zweitens:
glaube ich nicht, daß Du jemals alt, d. h. innerlich, geistig alt wirst.
Und vorläufig soll uns vor allem das Jahr blühen, die Gegenwart!

Ich bin nun ganz für Dich da und spare das Beste meines Geistes, meines Blutes für Dich, um an jenem kommenden Tage die volle Schale über Dich auszugießen. Freue Dich dieses Tages! Und dann komme die Zeit der Erinnerung, des Reifens und des Immer-wieder-Jungseins für die Erdentage. Schließ die Arme um meinen Nacken und presse an Deine weiche Brust Deinen Gerrit, der Dein eigen ist. 5. März 1918

Mein Liebstes, endlich Nachricht von Dir.

Habe doch lächeln müssen über das letzte in Deinem Briefe. Scheinst gar zu glauben, daß mein Blut immer kühl und unbewegt fließt? Doch ist es nur bezähmtes Meer, das an die Deiche leckt und einmal, einmal alle Dämme überstürzen wird! Ja, ich hab Dich lieb! Liebe Dich über alle Maßen! Du wirst der Sturm in meinem Blut sein – beschwörst Du ihn nicht zu früh? Und doch wie wahr: Das Leben ist so kurz und der Freude so wenig. Wer gibt sie uns, wenn nicht wir selbst? Ich mag nicht denken an die eine große Nacht, an dies Unfaßbare des zärtlichsten und wildesten Rausches, der uns unzertrennlich für immer ineinander gießt! Ja, ich werde Dich sicher immer lieb behalten. Wo ich mich einmal ganz hingegeben und mein Sein in das Deine verstürzt habe, gibt es kein Zurück. Darum wirst Du gut und treu sein, weil ich mich Dir ganz entblößt habe und keine Scham als Fremdes zwischen uns sein wird. Ein Leben Du um Du. Von gleicher Hingebung, von gleichem Beglücktsein.

Liebliebste – ich will Dich nicht nur streicheln, ich will Dich mit einer Flut von Küssen göttlich betäuben. Ich will Dich an mich pressen und Deinen Atem trinken, zu Deinen Füßen knien und Deine Augen fragen, wie sehr Du mich liebst!

Gerrit

*

*8. März 1918*

Liebe, das mit dem Komisch-Vorkommen der Vaterwürde war natürlich zur Hälfte scherzhaft gemeint. Nimm nicht immer alles blutigernst. Im Ernst: Du hast und wirst kaum Grund haben, auf mich eifersüchtig zu sein. Auch bezüglich meiner frühern »Verhält-nisse« nicht. Die blieben alle keimhaft und bedeutungslos. Und davon darfst Du gar nicht reden, daß, wenn ich später eine andere lieber hätte als Dich – – – – Laß Dich nie irre machen, weder durch mich noch durch anderes, und behalt das Bild, so wie Du es von mir im Innern hast. Dein »Herr Gemahl« wird nun am 15. vor die Ärztekommission kommen und wahrscheinlich K. v. geschrieben werden. Das heißt: Schützengraben in Sicht. Jedoch abwarten.

Hör: Du darfst mich später nur so wenig wie möglich »Deinen Mann« nennen – »mein Mann« – – – »meine Frau« ... – wie spießbürgerlich klingt das. Familienstumpfheit darf nicht aufkommen. Wir wollen immer Liebesleute bleiben. (Es versteht sich [Dir zur Beruhigung!], daß die Kinder deshalb nicht im Schatten stehn.) Einen hübschen Kuß

Dein Gerrit

*

*Sonnabend, den 9. März 1918*

Von Herzen Geliebteste, die kleine Wolke des Unmuts, die Du ja nicht verschuldet mit Deinem letzten Briefe und mir nur aus der Stimmung kam – ist schnell und leicht verflogen. Besser ist es sicher, abzuwarten, wann uns ein noch unbekannter Tag einander in die Arme drängt. Ich werde die Wärme, die in den letzten Tagen sichtbar aufsprang, geduldig und darum nicht minder liebevoll bewahren. Da wieder mal eine neue Tür sich zwischen uns geöffnet, hör ein Flüstern aus meinem Innern. Drei Jahre Krieg, das hieß für mich auch: mönchisch und kriegsknechtisch leben. Entwöhntheit vom Täglichen des Zivils, vom Luxus des Bequemlichen, vom Natürlichen der Liebe. Seit ich Dich kenne (kleine, meine *süße Dame!*), ist ein feineres und leichtes Gefühl in mich geströmt und Liebe, wie ich sie in solch erwärmendem, ruhigem Gleichmaß und der schönen Zartheit nicht gekannt. Daß ich *alles*, was in, neben und vor uns liegt, überdacht, und sonderlich (wie wär es verwunderlich) unsern Liebesweg – das wird Dir wie mir so gegangen sein. Und dann vor dem Letzten, vor dem Natürlichsten des Mann- und Weibseins, vor der Offenbarung des Körpers blieb ich scheu stehen. Nicht weil ich es nicht kannte – aber aus feinstem Gefühl als vor etwas Unzartem. Du bist mir, so wie ich Dich jetzt habe, lieb und teuer, und der unbeschriebene Duft, der Dich mir einhüllt, möge noch länger verweilen. Dennoch: gedanklich gesagt: es gibt nur eine Einheit des vollkommenen Menschen, eine Verschmelzung von Geist *und* Leib. Wo eine Zweiheit ist, ist sie künstlich und wider die Natur, die stets unser Gesetz bleiben wird. Ist der Flug unseres Geistes aus dem Guten, so ist es auch der des Blutes. So wie die Sonne da ist, ist auch der Geist, ist auch das Blut da. Und Wechselströme, zeugend und fruchtbildend von einem zum andern.

Genug.

Nun ich das Vorgeschriebene noch einmal überfliege, ist es mir eitel gedankliche Faselei – und ich gäbe viel, Dich wieder neben mir sitzen zu sehen, Deine klangvolle, etwas tiefe Stimme zu hören, Deine lieblichen Lippen zu küssen. Denn nur dies eine erweist sich als Permanentes, als Dauerndes und Bleibendes in der Bewegtheit von Liebe: die Sehnsucht! Köstlich und quälend, verwirrend und eintönig – wartend, fragend, hingerissen. Und immer und immer wieder nur hintreibend zu dem einen Pol, darum mir alles kreist: zu Dir. Ich möchte mitunter das Kommende in uns so frühlingsecht und leicht und fein wünschen – aber das ist doch nur ein frommer Wunsch, denn erstens ist mein Blut zu schwer, und zweitens wird die Zukunft für uns immerhin eine ernste Maske tragen; das soll uns aber keine Freude verkümmern und uns die innere Glücklichkeit nicht weniger anhänglich machen. Wär es, wär es endlich so weit! Geduld üben – wie schwer. Wie überströmend aber dann auch die Tage und Nächte des Zusammenseins! Sieh mich wieder an und frage: hast Du mich lieb? und ich weiß nicht, was ich Dir antworten soll – sagt Dir mein Blick doch mehr als der Mund! Schließ in den Arm Deinen einfältigen Jungen, der an Deiner Brust horcht, wie Dein Herzchen schlägt für ihn!

Gerrit

*

*Sonntag, den 10. März 1918*

Sonntagstille. Durch offene Fenster Sonnenschein auf Tisch und Schemeln; Zinnglanz der Kaffeekanne – von draußen das katholische Läuten. Bin ganz allein. 3 Uhr. Alle ausgegangen. Dank für Buch und Zeitungen! Also – den Krämerladen hab ich geleert. Tja – rank, rassig – sehr schön, aber nicht immer vorhanden. Rundlichkeit (à la Schwammerl Schubert) ist doch auch repräsentabel! Na, ich werde wieder schwimmen müssen. Das macht Leib wie Gemüt klar und frisch.

Ich freue mich riesig auf die paar Ostertage im Mühlchen! Ich kenn's ja – aber Dir wird es doch eine kleine freundliche Überraschung sein, dies ufergelegene Häuschen. (Übrigens, Offiziere der Kadettenanstalt gibt's da auch!) Wer lacht?–? So werden wir dann ganz allein dort sein können und mehr als in bisherigen knappen Stunden uns erst recht lieben lernen. Denk nur: morgens im gemütlichen Wirtsstübchen Kaffee trinken, hernach ein Spaziergang – nachmittags: Siesta – und abends ein freundlicher Plausch. Das wird fast zu schön.

Mai (mit der dunklen Kehlfarbe Deiner Schwester gesprochen), Deine Bilder, kleine Mai, hab ich vor mir aufgestellt – und von meinem Goldring, über Dein Bild, schweift der Blick in die Felder, die blauen Eifelberge. Kinderstimmen zwitschern, Grün schimmert auf Äckern und über allem die sehnsüchtig machende, geruhige, sonneflimmernde Luft des kommenden Frühlings. Ostern! Möge unser gütiges Geschick uns diese Tage gönnen! Es freut sich so sehr darauf Dein braver Gerrit, der Dich liebt.

Drei zierliche Küßlein!

*

*13. März 1918*

Lieb Schätzchen! Habe freilich nur einen Augenblick Zeit – aber muß Dir doch einen Kuß hinwünschen. Dein letzter Brief (ich spürte, schon ehe ich öffnete, daß er die niedlichen Kleinigkeiten enthielt) hat mir wieder soviel warme Fühligkeit und schmerzliche Sehnsucht erweckt! Ja, ich glaube nun fest, als wenn's gar nicht anders sein könnte, daß, wenn wir erst zusammen sind, und ich wieder meine Freiheit habe, der Springquell aus der Brust brechen wird und der Mund wieder singen *muß*! Ich bin begeistert über Deinen mutigen, zukunftsfrohen Willen. Ja, es wird schon gehen! Entzückend, wie Du sagst, daß wir Kinder sein werden – (auch Du?). Du wirst mir alles sein im nächsten Leben, Gefährtin und Mutter, Geliebte und Mitmensch. Richtig: wir wollen nicht mehr über das bewußte »Thema« schreiben. Ist es doch allzu fein für grobe Worte, und verliert doch auch der Pfirsich seinen zarten

Hautschimmer, wenn er allzuviel in den Händen gedreht. Du glaubst nicht, wie ich mich freue auf die Ostertage! Ich denke täglich an dies Thema und variiere es in allen Farben. Und dann Deine »Sprossen« (wie Du sie so reizend nennst), ob sie sich freuen werden, mich zu sehn? (Verzeih, mitunter fürchte ich, Du könntest durch sie zu sehr von mir abgelenkt werden – aber schließlich hast Du ein so großes Herz, daß Du uns alle drei umfassen kannst, und dann hat ja auch diese Neigung zu mir eine ganz andere Wurzel als jene zu den Kindern.) Ich habe mich ganz und gut damit abgefunden, nach Ostern wieder in die Front zu müssen. Darum soll es auch eine so schöne und große, seltene Freude werden im Mühlchen! Mein Freudeverlangen ist so groß, daß ich immer fürchte, ein ungnädig Geschick, eine Laune der Fügung könnte die wenigen, bescheidenen Tage verweigern. Lieb, hör, ich leide genau so wie Du unter dieser menschlich-allzumenschlichen Täglichkeit; darum mußt Du, wenn Du keinen Brief schreiben kannst, wenigstens Zettelchen in die Zeitungen legen! Auf daß ich Deine Hand immer in der meinen spüre. Wann aber endlich wieder Deine Lippen?!

Es küßt Dich Dein Gerrit

\*

*Donnerstagmittag, den 14. März 1918*

Las eben etwas von dem Komponisten Anton Brückner und gedachte da einer Briefäußerung von Dir.

Wir hatten in der Volksschule früher unter wenigen guten einen sehr strengen (möglicherweise leicht sadistischen) Lehrer. Als er in einer Stunde irgend was frug, wußte niemand eine Antwort. Einen Jungen nach dem andern rief er auf, um ihn dann zu prügeln. (Ich beobachtete immer das grausame Muskelspiel um seine Backenknochen.) Er prügelte nach der Reihe weg. Ich war wohl neun oder zehn Jahre alt und kannte keine Neigung zu einem Gott. Da stöhnte ich in meiner Angst: Lieber Gott, wenn Du mir jetzt hilfst, will ich an dich glauben und immer beten. Und siehe da: bei dem letzten Schüler neben mir hört der Lehrer auf. (Zufall wohl, aber für ein Kind von tieferer Bedeutung.) Seitdem habe ich immer gebetet. Selten mehr jedoch aus Angst (so auch kaum in meinen schlimmsten Kriegsmomenten an der Somme, Verdun –) vielmehr dann, wenn ich froh, weltfroh, erdenberauscht, aus Dankbarkeit. ( *Nur gut sein!* Möge Er uns immer das gute Herz bewahren!) – Da schriebst Du nun früher einmal: – – »ihn (Gott) bitten, sofern es einen solchen gibt – – « Sieh: alle Großen, die großen Pantheisten, die kosmisch Gläubigen haben (man denke vor allem Beethoven) in ihren kindlichen Augenblicken immer eines persönlichen Gott-Vaters bedurft. So auch ich. Glaubst Du nun wirklich (vielleicht aus abstrakter These) nicht an den großen Vater? Drängt Dich Dein Fühlen (vielleicht ungeklärt) mitunter nicht zu diesem? Ich glaube, Du wirst auch einmal in dieser persönlichsten und gewissenfreiheitlichsten Sache in meine religiöse Grundstimmung mit jenem Kindheitseinschlag (ohne den es eigentlich keinen Glauben gibt) hineinwachsen. Es sollte mich freuen.

So! nun sag: Pietist! und lächle.

Mein Herzenskind, liebliebste Frau und köstliche, zarte »Dame«!

Gerrit – Gerrit – Gerrit

*

*15. März 1918*

Geliebtes Herz, es ist ein so wunderbares, glückruhiges Gefühl, zu wissen, daß über allen Tages-Strudeln ein Herz in der Ferne ist, dem man alles bedeutet und das einem zu eigen ist wie sonst nichts! Ich werde nicht müde, wieder und wieder die (5?) so sehnlichst erwarteten Ostertage mit Inhalt vollzugießen und mich im voraus des freien Lichtes, der knospenden Sträucher, des Alte-Tanten-Häuschens und Deiner, Deiner zu freuen. Ich kann nicht sagen, wie lieb ich Dich habe! Je länger wir noch getrennt sind, denn voraussichtlich sehen wir uns bis dahin doch nicht mehr – desto größer wird die Wiedersehnsfreude sein! Denk an, Schätzchen: nur noch vierzehn Tage warten! Dann können wir für einen Augenblick das häßliche Kriegsgetriebe hinter uns lassen und ganz unserm Menschen leben. (Ich freue mich sehr auch auf die beiden neuen Kinderchen!) Danach soll mir's gleich sein, wenn ich wieder in den Graben muß. Unsere Zukunft, wie ein besonntes Wölkchen am Horizont sich zeigend, wird mir alles leichter ertragen helfen.

Geh mal an die frische Luft, Lieb, Du sollst mir nicht so blaß aussehn! Daß Du mir fein acht auf Dich gibst!

Es wartet sehnsüchtig auf Dich und küßt Dich halbtot Dein Gerrit, der Dich liebt.

*

*Sonntag, den 17. März 1918*

Heute ein so mächtig aufstrahlender Frühlingssonntag!

Endlich! Endlich! Herzenskind, endlich doch ein paar Seiten von Dir! Ich habe fast die ganze Nacht wach gelegen und Mögliches und Unmögliches hin und her gewälzt; endlich freu ich mich wieder! Mir fiebert's bis in die Finger. Liebliebste, meine Annie-Mai! Lieb Frauchen, ich habe Dich doch so sehr lieb! Könnt ich Dich nur dort herausreißen, ich tät's zur Minute, damit Du mir nicht wieder krank wirst! Lieb, denke, Du mußt Dich schonen, für uns später. Denk wie die Engländer, die prüde sagen: Goetz of Berlichingen!

Hier ist jeder Tag voll warmer Sonne; pralle Knospen, entzückendes Sträucher-Blattgrün und Liebe im Herzen sagen mir eins: Frühling! Frauen und Mädchen tragen helle Kleider, Fensterscheiben blinkern, Äcker flimmern im berauschenden Licht. Gott, wie schön mag's nun erst Ostern ums Mühlchen aussehen! Zwei Menschen werden im Grünen gehn – Freude atmen und ausstrahlen – Zukunft im Herzen wägen und wagen. Augenblicklich bin ich ganz verrückt vor innerlicher Heiterkeit –: ich schreibe, beglotzt von sechs am Tisch sitzenden, witzereißenden Stubengenossen – draußen sehe ich die blauenden Eifelberge, Ackerländer davor, Grün und Sonne, Sonne! verrückt machende Sonne! Dazu paukt unten im »Lese«zimmer einer Klavier; ich bin ganz kribbelig! Teufel! wärst Du jetzt hier – Du solltest am unaufhörlichen Küssen und Hallilotria schon merken, was es heißt, wenn Gerrit Engelke »vergnügt« ist! Ja, ich bin jetzt immer so ausgeglichen frohruhig – wenn ich denke, wie ich mir die frühern Zeiten verquält habe –

Es hegt und trägt Dich immer im Stillen, im Herzen, es herzt und küßt Dich und blickt Dir treu und gut in die Augen

Dein Gerrit, Dein ganz und gar.

*

Mein liebes Schätzchen, nochmal heute muß ich ein wenig mit Dir plaudern. Ich weiß, Du hörst es ja gern. Wir sind jetzt jeden Tag im andauernden Trab, denn am Mittwoch kommt eine große Bekleidungskommission; dazu müssen denn alle »Lumpen« gewaschen und geflickt werden. Die Ärztekommission scheint nun noch *nicht* zukommen. Vielleicht sogar erst im nächsten Monat (?). Ich warte nur auf den Urlaub, alles andere ist mir gleichgültig.

Liebend, sorgend, eifernd – unermüdlich kreisen alle meine von der Tagesfron nicht gebundenen Kräfte und Ahnungen um Dich – um Dich dann später ganz und unbedingt in meines Wesens Zentrum zu bergen! Die kurze Wartezeit halt Dich noch tapfer gegen das gewiß schwer erträgliche Gewürm dort. Bald fassen wir gemeinsam die Arbeit an. Und aus der Liebe wird uns auch klarblickende, neue Energie für Taten des Leibes und des Geistes erwachsen.

Dein Gerrit

*

*2. April 1918*

Der Mut ist so müde – und die Sehnsucht so groß! Krank, ich bin nun krank vor Sehnsucht – eine Flut erstickter Tränen schwillt in meiner Brust – daß ich sie doch wieder ausschütten könnte in Deinen Schoß. Und das Herz ist so mühsam – und der Blick mag nicht sehn. Wie nahe, beängstigend nahe fühle ich nun die Liebe stehen. Leben, Wahnsinn, Tod! Und immer nur dieses: *Du*, nur Du – – – ich bin so umgebrochen wie ein Baum und liege ohnmächtig am Boden und atme begehrlich nach unerreichbarem Himmel – – wie werde ich in den Tagen stehen können?! Wie kann ich leben ohne Dich! ohne Dich!? Erst jetzt denke ich (wie früher nie), daß ich sterben könnte, draußen im Feld – nun ich weiß, wie Du mich liebst! Und ich glaube fast, es wäre schön.

Ich gab Dir viele Namen der Zärtlichkeit; ich wäre nicht müde geworden, hundert und hundert auf Dich zu häufen als ein Geschenk – nun sind sie alle schal und leer, ein Atemhauch, der verweht – Und ich kann Dich nicht nennen; denn wie möchte eine Liebe bestehen vor Deinem Herzen? Komm, komm, *komm* und schweige oder weine wieder an meiner Brust und laß mich Deine Tränen trinken – vielleicht, daß wir dann unhörbar in uns rauschen hören: Was ist denn Leben? – Was ist denn Tod? –

Ich kann nicht mehr. Ich weine. Denn der Mut ist so müde geworden, und die Sehnsucht so groß!!

Gerrit

*

*4. April 1918*

Mein Du –

ich stehe noch ganz im Banne jener Tage. Welcher Gegensatz doch zum heutigen Leben im Kriegsland! Um die Fron dieser entsetzlichen Tretmühle wieder tragen zu können, ist es nötig, für die erste Weile die Zähne fest zusammenzubeißen und das Herz mit Nüchternheit zu umkühlen.

Auch will ich Dich nicht mit Ausgießung meines zu weichen und unzufriedenen Innern belasten, sondern will nach Deiner Aufforderung mich beherrschen und männlich zu fassen suchen. Und dann dies eine:

*Du – ich mag mich, da ich von Deinem hohen Sinn beschämt, nicht eher wieder Dir zärtlich nahen, bis ich durchErfüllung oder Befolgung von etwas, das Du mir aufgibst, meine Hochachtung vor Dir (die ich in Wahrheit immer vor Dir gehabt und habe) bewiesen habe.*

Sprich, was ich tun kann.

Dein Liebender

*

*12. April 1918*

Du sprichst noch immer nicht, und doch sind meine Tage hier gezählt. Soll ich so ins Feld gehen? In Abendaugenblicken bin ich voll tiefster Melancholie, und Ahnung von irgendwelchem Dunkeln umdüstert mich dann. Das macht wohl die Lust-Qual der Liebe. Mitunter bin ich wie ein wundes Tier; aber ich versprach Dir, nichts wieder davon hören zu lassen, von dem Stöhnen. Ich halte es. Dann denke ich wieder so rein und gut von Dir und fühle mich so mit

Schuld beladen, daß ich Dir zu Füßen stürzen möchte, um Dir alles, womit ich Dich quälte, abzubitten.

Wo sind für den Künstler denn Grenzen?

Innerlich scheint sich wieder etwas zu rühren: ein Gedicht sandte ich Dir gestern, ein zweites wird heute fertig.

Seit gestern bin ich auch K. v., kann also jetzt sehr schnell, vielleicht schon nächste Woche hinaus kommen. Auf jeden Fall denk ich aber vor dem Ausrücken noch ein paar Tage Urlaub zu erhalten.

Es grüßt Dich Dein Gerrit

*

*15. April 1918*

Mein Lieb, ich denke, man muß sich Dir kleinem kranken Frauchen so ganz behutsam nahen und Dich streicheln und darf Dir keinen Kummer und keine Aufregung mehr verursachen und Deine krankhaft feine Empfindlichkeit nicht mehr leiden lassen. Ich sehe durchaus ein, daß Dein Herz geschont werden muß. Ich schrieb Dir ja nach meinem leider so unbedachten Verhalten, daß ich Dich nicht wieder quälen will; ich sehe ein, daß ich's nicht wieder darf. Ich hoffe, Du vertraust mir, daß ich mein Wort halte. Ich muß an Deinem so sehr zu respektierenden Vorbild mich noch immer mehr menschlich besser bilden und habe die feste Zuversicht zu solchem An-Dir-aufwärts-Ranken. So wie Du mir hier ein Gutes sein wirst, warst Du es, indem ich mich aus Bedrücktsein und Einsamkeit aufrichtete in die Hoffnung zum Glück mit Dir. Du *kannst* mir jetzt den Boden nicht unter den Füßen wegziehen. Ich würde fallen, und warum sollte mir dann das Leben Wert haben? – Laß mich nicht so mit allzu schwerem Herzen wieder hinausziehn! Du mußt selber wissen, daß es eine überflüssige Frage ist, wenn Du sagst, daß ich Dich nun vielleicht gar nicht mehr liebe, wo ich weiß, daß Dein Herz nicht ganz gesund ist (übrigens sind das nur nervöse Erscheinungen) – – – ich liebe Dich, wie ich Dich von Anfang an geliebt habe, und ich *lasse Dich nicht!* Ob Du gesund bist oder krank: ich liebe Dich mit gleicher Stärke – ja, jetzt noch mehr, da ich Mitleid, Mitgefühl und Trauer mit Dir habe, meine kranke Taube, und auch Zartgefühl. Vertraue mir wieder, glaube wieder an mich! Ich will

Dir dies in Zukunft erleichtern durch mein Verhalten, worüber Du nicht mehr klagen sollst und *darfst*.

Lieb, ich halte mich nur so hin, durch die Zeit, denn mir winkt nur allein das Leben mit Dir! Und nun wirfst Du mich so weit zurück, indem Du sagst, daß wir noch lange nicht zur Ehe reif seien – – es ist, als ob Du endlose Jahre zwischen uns zwingst – warum schlägst Du mich so hart? Meine Mai, es ist doch natürlich, daß zwei Menschen nicht als ganz Vollkommene in die Ehe treten können – es vielmehr durch das enge Zusammenleben werden, in dem sich Härten abschleifen und rechtes Verständnis und Rücksichtnahme auf den andern erst walten können – gerade darum verlange ich so sehr danach. Denn ich weiß auch bestimmt, daß sich all diese Bitternisse, die nur da waren, wenn wir getrennt waren, bei dem Zusammenleben gar nicht aufkommen, viel weniger: Raum gewinnen können. Lieb, Du weißt, daß ich vielleicht schon in wenigen Tagen ausrücke – mach mir das Leben nicht wieder schwer und dunkel und tot. Laß mich mit Hoffnung in das Schwerste hinausgehn. Morgen werde ich in die K. V.-Kompagnie versetzt. Urlaub gibt es nicht mehr, auch wohl keinen Sonntagsurlaub, ich müßte denn durchbrennen nach Köln, was ich im Notfall tun würde.

Kannst Du Sonntag nicht kommen? Laß mich Dich noch einmal sehn! Ich *muß* Dich sehn. Wenn es Dein Gesundheitszustand nicht erlaubt, sag, daß ich dort irgendwohin kommen kann.

Dein unglücklicher Gerrit,
der Dich mehr liebt denn je!

*

17. April 1918

*In Eile!*

Hab Dank, Du Liebste! Endlich, endlich hör ich wieder mein Frauchen reden! Ich atme wieder auf. Nein, ich will Dir nun nicht wieder traurig sein. Wahrscheinlich werden wir nächste oder übernächste Woche ausrücken. Die Idee mit Siegburg ist gut, schreibe oder telegraphiere gleich Antwort, ob wir uns Sonntag in Siegburg treffen können. Ich hoffe bestimmt, dahin gelangen zu können. Gegen Mittag etwa?

Es küßt Dich tausendmal

Dein Gerrit

*

*Freitag, den 19. April 1918*

Meine liebste kleine Dame, nur recht, recht ungern trenne ich mich von diesem Bild – doch gehorsamst erhältst Du es von mir zurück.

Eben ist ein Abtransport eingeteilt, jedoch sind wir Zuletztgekommene noch nicht dabei. Eine oder zwei Wochen haben wir also noch Zeit.

Ich bin wieder weich geworden seit gestern; doch das wird und muß schnell verfliegen. Viel, viel Dienst. Eben gerade die freudige Mitteilung von Kameraden, daß ich morgen eine Stunde nachexerzieren muß wegen einer Stunde Dienstversäumnis. Grotesk! Nun bitte ich Dich, denk möglichst gar nicht an mich und noch weniger an die liebe Umwelt, damit Du in nicht zu ferner Zeit wieder lebendiger und froher bist.

Einen herzigen Kuß von Deinem Träumer.

*

*Sonntagmorgen, den 21. April 1918*

Mein liebstes kleines Frauchen, Du weißt ja, daß sich meine Zunge immer erst nachher löst – denn in Deiner Gegenwart fühle ich mich so beruhigt und wunschlos – möchte an Deine Wange gelehnt nur träumen, vergessend versinken; – aber dann überstürzt mich nachher die Sehnsucht um so mächtiger, und vergebens beschwör ich Dein Bild, Deine Worte vor mich. Du weißt auch nicht, wie manchesmal ich nachts um Dich weine. Weshalb? ich weiß es nicht zu sagen. Ich weiß, daß Du mich liebst, und so unmenschlich kann das Schicksal nicht sein, daß es uns beiden die ersehnte Zukunft, auf die wir in Geduld warten wollen, zerschlagen sollte. Mir wäre es undenkbar. Nach den schweren Opfern, die Du Deinen Kindern bringst, soll Dir doch noch Glück und Zufriedenheit werden! Ich will es! Hoffe mit mir! Es ist mir so schmerzlich, daß andere Dein Leid lindern dürfen und ich so ganz hilflos Dir nicht beistehn kann. Erinnere Dich an Deinen Mut, den Du bisher bewiesen, und lebe

Dein Leben (ein erhabenes Leben) stolz und tapfer weiter, mein liebes Weib. Sind mir auch, wie früher nie gekannt, alle Abendstunden so unendlich kalt und einsam, und freu ich mich nur noch, wenn ich mittags Sonne sehe, so will ich mich doch zu einer kläräugigen Nüchternheit durchzuringen suchen und das alte Kampffeld draußen mit neuen Blicken zu betrachten suchen.

Dein Getreuer, dem Du *alles* für die Zukunft bist. Viele, viele Küsse!!

*Sonntagmittag, M.-Gladbach, den 28. April 1918*

Liebste kleine Dame, eben die letzten Zeilen hier unters Gedicht gesetzt (folgt). Freue Dich über eine Poetenlaune und sage mir, wenn Du es getan. Das Gedicht ist ein Geschenk für Dich.

Morgen werden wir fahren. So wahnsinnig es draußen sein wird: der alte Gott wird mich nicht verlassen.

Möchtest Du einen recht freundlichen Sonntag haben oder gehabt haben. Auf Wiedersehn!

Dein Gerrit

\*

# Romanze in allen Regenbogenfarben
# (Ein Geschenk für Mai)

Komm auf mein Schiff! Heut bin ich der Baas, der Herr
meines Tages, Menschlich und warm wie aufgestanden
vom Tisch des Gelages – Unter Deinen weißglacéenen
Schühchen wundervoll Schaukelt würzig braun geteerte Planke hohl – Schau: die nackten bronzebraunen Ruderknechte! Manche tausend Rupien wert, die magern
Hechte,
Wie sie listig laustern, blinzelnd gieren, stieren,
Die in Schweiß und Bravheit an der Eichenbank vertieren,
Sehn sie nur Dein gelbes Bast-Rohseidenkleid,
Deine elegant umbauschte, damenhafte Zierlichkeit,
Und Dein blau Pariser Hütchen mit der riesigroten

Pluder-Rose.
»Vorwärts! Lümmels! Ruder raus! Daß ich mich nicht
um euch erbose!
Denn ihr wißt, die Nilpferdpeitschenriemen
Ziehen höllisch heiße sichtbarliche Striemen!« – –
Blähend wölbt wie eine Wolke lichtes Segel straff am
Mast.
Rasselnd, knirschend schwenken Hebeprähme Tonnen-
last.
Orlog-Flagge, Wimpel hoch! Es kommt der anmutblei-
che Gast!
»Platz! Platz!« ihr schwarzbequalmte, ölbekleckste
Trimmer!
Saht ihr je solch Eiderdaunchen, solch ein Frauenzim-
mer?
Liebste Dame, schnell! wie mich Dein blondes Kopfoval
berückt,
Würden diese zahmen Biester sicherlich aus Rand und
Band verrückt,
Sähen sie die Sonne Deines Lächelns Deinem Angesicht
erblühn,
Deine kleinen Mandel-Augen, Deiner elfenbeinern
Zähne Sprühn –
Hier spürst Du schon vom Speisen-Vielerlei aus der
Kombüse
Süßen Ruch von Butterfischen, Reisgeflügel und Ge-
müse–
Und diese blankpolierte Treppe fällt zu meiner Frie-
denshütte
Tief im warmen Bauch des Schiffes: Oase mein, Kajüte!
Ledersessel drinnen, Delfter Teller, Haarlem-Tulpen,
Java-Batiks, Katze aus Angora und Brabanter Stulpen;
Koran, Bibel und Petrarkas Oden an die Laura –
»Vaer saa god, kom ind! kaere Monna Guttadaura!«
Ich weiß, Du liebst die satten Purpurweine aus Bur-
gund,
Und ich lieb Deinen appetitlich kleinen, rosa Muschel-
Mund!
Fort mit Logbuch, Karten und Sextanten!

»In diese blumiggrüne Kapsel zwischen Wanten, Span-
ten
Kommt mir niemand, Pedro! Du stehst Posten!«
Braver Kerl, kam aus Nevadas Glut, salzig Wasser mal
zu kosten.

Träume, trinke – säume, sinke – küsse, küsse!
In dem Weltmeer wimmeln einig tausend Flüsse – –
Du weißt nicht, wie smaragden Blumen-Quallen
schimmern,
Wie abends unterm Deck zum Dudelsack die Neger
wimmern.
Wie toller Gischt, den Vordersteven überschießend,
brüllt,
Wie unter dem Äquator Wahnsinn in den heißen Keh-
len krüllt,
Wie überblühte Tropennächte gläsern tief erhellen,
Wie wild, zerknüllend Luft-Zyklone schnellen,
Wie Sonnenbrände irrsinnig-göttlich über Welten gel-
len – –
Doch wenn der große Süd-Passat vom Horizonte
schwillt,
Sanft auffliegend, wiegend warm und mild,
Zugvögelschwärme, Flatterfische mit sich gießend,
Von Zimt, Vanille, gutem Erdgeruche überfließend –
Da wird uns Ahnung zärtlich schauern von Paradies
und Eiland:
Ein Abendpfühl und Heimatbett und aller Sonne Frei-
land:
Schaumumtanzter Lotos: Otaheiti du, Palpete!
Kindlich grüner Palmenbüschel, Hafen mit Kanu-
Gewimmel,
Darüber: tönend, lichtzerspringend ungeheuer blauer
Himmel.
Dort wollen wir leben, einfaltfroh, ergötzlich anima-
lisch.
Wir werden, ein Urmenschenelternpaar, patriarchalisch
Unter steinzeitaltem Mango-Baume sitzen,
Braune Kindeskinder werden Klappern oder Pfeile

schnitzen –
Einmal morgens, wenn schon draußen Lichter auf den
Wellen blitzen
Und wir aus sattem Schlaf vom warmen Leib die Arme
lösen:
Kommt stöhnend, fern von fern, ein feines Rauschen
von Getösen,
Wird voller, kommt und kommt, allmächtig wie Trom-
peten-Ton –
Wellen wühlen schwärzer, Sturzschaumzacken drohn –
Brausend Wehen bäumt sich jäh empor –
Ferne Sintflut rauscht Weltuntergangschor.
Und aus dem Sturm hebt eine große Stimme an, sonor:
– – Einst – war – Europa – – –

Wir sitzen klein und unbeweglich, träumen, staunen –
Leichte Dünung plätschert wieder – fern: gedämpftes
Raunen –
Aus stiller Brust rührt scheues Stammeln an den Gott.
Sonne schwebt, Mittagssonne höher, höher, füllend
Stirne, Schultern heiß betropfend, hüllend.
– Bis aus den Matten-Hütten unsre Kinder brechen
Und trällernd, plappernd,
Mit Rasseln klappernd,
Vom riesengroßen Haifischfange sprechen.

Komm schnell aufs Schiff! fix, gesputet!
Man schlägt das Gong – die große Heulsirene tutet ...
Abfahrt nach: Irgendwo – Flutenland. – –
So! – reich mir Deine Hand – – –
Spring!

*28. April 1918*

\*

*Sonntagmorgen, den 29. April 1918*

Geliebteste, mein liebes, liebes kleines krankes Vögelchen – meine
süße, feine Dame, mein Mütterchen – Du meine liebliebliebliebe

kleine Frau – Du weißt doch, daß ich Dich liebe! Ich kann Dir nicht sagen, wie ich Dir heute ganz warm und herzaufgetan bin – warum bist Du nun nicht hier! Komm! Komm! Sei mein Weib! Ich habe mich so innig über Dein Briefchen gefreut – und weil Du solch rührendes Verlangen nach meinen Liebesworten hast – Du kleines krankes Täubchen, will ich Dich heute damit überschütten. (Aber wie viel mehr doch ist ein langer schweigender Blick in Deine Augen, wie viel mehr doch ein blutwarmer Kuß von Deinen Lippen als tausend Liebesworte! – – – »sie werden sich hundert Namen geben – und sie sich alle langsam wieder abnehmen – –«) Ich bin wieder innerlich so reich und aufgeblüht, daß ich mit ständigem Erstaunen wahrnehme, daß ich innerlich doch nicht leer, ein ausgebrannter Krater bin – daß ich keine Ursache habe, mich weiter unglücklich zu fühlen, weil ich als Soldat und Kriegstragender ein Lebendigbegrabener bin – denn nun weiß ich gewiß, daß es nach dem Kriege wieder mächtig aus mir brausen wird! Ihr werdet noch alle euer Wunder erleben! Teufel auch! Du müßtest nur sehn, wie mein lieber Hein Lersch so rührend über meinen bessern Versen ins Hymnische gerät! (In eines seiner Bücher schrieb er mir: Meinem G. E. trotz aller Freundschaft in Ehrfurcht – –) Ich spüre wieder Herzen um mich pochen! Nein, wie schade, daß Du gestern nicht dabei sein konntest! Ich sprach (in Stimmung: denn Wein, Wein und die Dämmerung schon überschritten –) die neue »Romanze«. Las gut und fein. Ja, ich liebe dies Gedicht, denn durch dieses Dich! Dir allein, ganz allein in Zwiesprache hätte ich's vordichten mögen. Oh, später, später, warte nur! Hast Du Dich gefreut über das Stück, Dein Geschenk, ein Geschenkchen für mein krankes Frauchen? Ja! sagst Du!

Ich habe dem Hein auch gleich gesagt, daß Du das Gedicht im Eilbrief haben müßtest–damit Dich mein letzter melancholischer Zettel nicht zu lange in Trübung hält und Du doch wieder einen Funken Freude spüren mußt – Du bist doch so krank, mein Liebstes! Und Du sollst mir wieder ganz, ganz gesund und heiter werden!

Aber warte nur, kleiner Satan, wenn Du gar nichts zu meinen Bildern sagen und Dich mit schlechter photographischer Aufnahme rausreden willst! Ja, ja, ich glaube, Du magst mich wirklich nicht leiden!

Bin ich Orkan, und Du nur Ruh,
So bist Du Leib doch meiner Seele.
Und Mensch bin ich, und Mensch bist Du!
Und nur als eins sind wir Vollendung.
So wächst in unserm einen Schoß
Mein Schöpferdrang in Taten groß,
Und Du bist Werk und Alles-Endung! –

Meine schwere Stimmung hat einer ruhigen und zuversichtlichen Gelassenheit Platz gemacht. Es kann, es darf, es soll mir nichts geschehen – es ist unmöglich! Ich habe eine wahnsinnige Sehnsucht und Gier nach einem neuen Leben! Sei ganz ruhig meinetwegen. Ich schrieb früher mal in mein Tagebuch: »Je stärker Lust und Lebenswille in dem Menschen ist, um so mehr hält ihn die Erde fest und läßt ihn nicht aus seiner Bahn fallen!« Und dann ist es jetzt schließlich für mich auch: ein Aufbruch zu neuen Tagen und Abenteuern!

Tod ist Leben,
Leben – Schweben,
Angstvoll schön –
Immer blühen Wolken in den Höhn
Überall!

Hab lieb Deinen Träumer und Küsser, der nur Dir gehören will. Lies! Lies! immer wieder!

»Träume, trinke – säume, sinke – küsse, küsse!«

\*

*Herbesthal, den 2. Mai 1918, abends*

Mein herzallerliebstes Frauchen, Nachmittag hier angekommen, Essen, und danach: Wartezeit. Dann: Wer weiß, wohin? Es ist mir ganz gleich – ich habe so viel Sicherheit und Zuversichtlichkeit des Gefühls von Dir mit herübergenommen – dieser Königswinter-Nachmittag wird mir unvergleichlich sein. Es waren die schönsten und vollkommensten Stunden, die ich mit Dir verlebte. Möchtest Du nun immer an dem Glauben festhalten, daß Du glücklich werden wirst. Ich höre noch immer Deine einzelnen Worte – und dieser ungreifbare Zauber, der zwischen zwei Menschen ist, hält mich noch so fest und glückruhig in seinem Bann. Ich ängstige mich etwas, wenn ich denke, daß Du durch die Anstrengung des Tages wieder kränker geworden sein könntest oder gar noch (Du versprachst mir, es nicht zu tun): an jene kleine Trübung denken solltest. In Deinem nächsten, ersten Brief möchte ich gar zu gern hören, daß es Dir gesundheitlich besser geht! Hab Geduld, mein Liebstes, die Zeit unseres Glückes soll und wird bald kommen. Das Schicksal, das uns das Glück gibt, kann nicht so grausam sein, es uns wieder zu nehmen – es wird es uns bewahren helfen. Ich habe Glück gehabt: Der Transport war noch da, und nicht die geringste Strafpredigt wartete meiner. Man war froh, daß ich überhaupt wiederkam.

Es hält Dich wieder fest im Arm und küßt viele Male Dein warmes Mündchen und geht mit Dir Schritt für Schritt Dein Einziger, der Dich so sehr, sehr lieb hat!

*

*Vendies (Valenciennes), den 8. Mai 1918*

Mein allerliebstes Herzchen, mein kleines süßes Frauchen – erst jetzt kann ich Dir schreiben, da wir erst heute hier im Feld-Rekruten-Depot (wo wir wohl drei Wochen bleiben) nach sieben(!)tägiger Reise angekommen sind und vorher also adressenlos waren. Meine erste Frage: Wie geht es Dir gesundheitlich? Soweit ich in den wenigen Augenblicken in dem Neuen hier zur Besinnung komme, habe ich große Sehnsucht nach Dir! Ich sitze noch immer mit Dir bei Reinertz in Königswinter oder komme mit Dir vom Drachenfels herunter! Es waren köstliche Stunden! Vergiß nicht, mir die Zeitungen hübsch zu senden, denn ich habe in diesem Massenbetrieb, der mich schon anekelt, als einzige Flucht schrecklichen Hunger nach Lesestoff! Sende mir doch bitte einige Umschläge und etwa: Lenau, Briefe an Sophie Löwenthal. Die einzige Strafe für die bewußten Tage waren die denkwürdigen Worte des Feldwebels: »Sie sind ein toller (?) Mensch!« Sag, Liebchen–wie hießen die leichtsinnigen Verse Heines von den blauen Ringlein? Wir kamen durch St. Quentin (bös zerhauen und verbrannt), Cambrai (weniger böse), Valenciennes: M.-Gladbachartig. Auf jeden Fall ist mir Königs-, nein *Kaiser*winter lieber! Grüß mir mein kleines Mädel! Und Du selbst, mein Liebstes, sei innig und treu geküßt von Deinem Schatz –.

*

Mein allerliebstes Frauchen!

Mein Pfeifchen schmauchend sitz ich auf einer ehemaligen Kinderschulbank, um Dir einen Gruß zu schreiben. Wir liegen nämlich in der Dorfschule. Zehn Schritt überm Hof: die Kirche. Eben sang man noch. Es ist Himmelfahrt und dienstfrei. Mit einem Spaziergang durch das kleine hie und da grüngefleckte Dörfchen, Mittagessen und anschließendem Schläfchen begann ich würdig den Tag. Trotzdem ich mich eigentlich wohlfühlen könnte, spüre ich dies Ungeheuer Krieg schon wieder in allerpersönlichster Gestalt auf meinen Schultern sitzen; Stumpfsinn brütet schon wieder unter der Hirnschale. Ich bin ja auch so gar kein Augenblicksmensch. Mit dem jeweiligen Tage lastet zugleich immer die ganz und gar verbaute Zukunft. Und was war man denn schließlich für ein enger und armseliger Mensch, hätte man die Sehnsucht und die nie zu knebelnde Künstlerphantasie nicht! Wie können da schon bloße, mechanisch gedachte Worte zaubern: Ganges, Indus, Brahmaputra (diese Reihenfolge noch aus der Schule) – fern, weit, zu Raum und Form werden – »Komm auf mein Schiff! mein frühlingsdeutscher Mai!« Wie wird das doch schön werden, wenn wir erst zusammen leben und lieben! Wenn ich dann nachts einmal arbeite, mußt Du Dich im selben Zimmer auf den Divan betten und hübsch schlafen – und Deine Gegenwart, Dein Dasein und Atmen im selben, stillen Raum wird mich mit Glück und Dichtlust durchströmen. Mein Herzchen, laß mich wieder Liebesworte hören – es ist schon so lange her, daß ich die Wärme Deiner Schulter an meinem Arme spürte! Glaubst Du, daß Du glücklich wirst? Weh um die Tage und Nächte, die immer gleichwechselnd, nutzlos und zeitkürzend dahingehen. Hoffnung allein ist unser Mut für das Nächste. Habe lieb Deinen Soldaten, der Dir auch keinen Kummer mehr machen will!

Wie geht es Dir, mein Liebchen? Laß bald, oft und nicht so wenig von Dir hören! Einen herzlichen Gruß und Kuß von Deinem Gerrit, dem »Lyrikus und Harfenzupfer«, dem das Soldatenspiel wenig Spaß macht und der das alte Europa am liebsten außer Geruchweite haben möchte.

Viele Küsse!!

*Vendiyies, den 9. Mai 1918.*

\*

*Vendiyies sur Ecaillon, den 12. Mai 1918*

Sonntagnachmittag. Weicher Regentag. Die andern spielen Karten oder schlafen auf ihren Strohsäcken. Gott sei Dank habe ich ein Buch gefunden; und finde darin eine Stelle, wo jemand sagt: »Das sind gute Ehemänner, die gern Süßes essen.«

Meine Mai, ich könnte Dir jeden Tag von meiner Sehnsucht erzählen. Wir sind nun zu weit auseinander. Sehnsucht nach Dir und nach dem Leben. Das Leben ist so schön! Welches einfältige Verlangen mitunter nach einem dummen, sentimentalen Walzer, nach dem Kaffeegeschirr-Geklapper einer sommersonntäglichen Gartenwirtschaft – nach den vielen, so herzlich unbedeutenden Augenblicken der Vergangenheit, die sich in der Erinnerung wieder so wehmütig und schön von neuem färben. Sehnsucht hab ich nach Deinen Küssen – nach Deiner kleinen weichen Hand. Früher, da ich frei, los und ledig war, war ich auch viel selbstzufriedener im Felde – aber nun ist das ganz anders, seitdem Du »mein einziger Gedanke« (wie Du mir an jenem Abend singend flüstertest) bist. Ich gehöre mir nicht allein – mein ganzes Wesen trägt in jedem Teilchen Dich und den Durst nach unserm gemeinsamen neuen Leben.

Mein krankes Herzchen, möchtest Du mir bald schreiben, daß es Dir gut geht! Mitunter mache ich mir Gedanken – und kann und will doch nicht daran glauben! niemals! Ich hoffe, daß Du meinen ersten Brief vor acht Tagen doch wenigstens heute als kleine Sonntagsfreude erhalten hast. Ich weiß wohl, wie sehr Du gewartet hast – aber es ging ja nicht anders.

Auf Wiedersehn! mein kleines süßes Frauchen! Mach Dir keine Gedanken meinetwegen und werde recht hübsch gesund!

Viele, viele Küsse!

\*

*Vendiyies, den 14. Mai 1918*

Ich komme noch einmal auf Deine Worte zurück: mir fehle die heiße dichterische Triebkraft. Nun weißt Du freilich, daß ich nicht rheinischen, sondern norddeutschen Temperaments bin; dazu kommt, daß ich aus meiner Tag- und Weltanschauung kleine Dinge oft sehr wichtig und wieder andere, im Tage so breit und mächtig aussehende Dinge nicht sehr bedeutend finde – wodurch ich denn immer ganz gut in meinem Gleichgewicht pendele, was durchaus nötig ist. Hierzu finde ich eben im Eckermann eine Stelle, wo Goethe sagt: »Es gibt vortreffliche Menschen, die nichts aus dem Stegreife, nichts obenhin zu tun vermögen, sondern deren Natur es verlangt, ihre jedesmaligen Gegenstände mit Ruhe tief zu durchdringen; solche Talente machen uns oft ungeduldig, indem man *selten von ihnen erlangt, was man augenblicklich wünscht*; allein auf diesem Wege wird das Höchste geleistet.« Beschränkt und in Kürze: Unzeitgemäßheit des Dichters (der für keinen Zweck schafft) – auch diesem Kriege gegenüber. Weiter fand ich durch Goethes eigne Worte bestätigt, was Du schon sagtest: seine besondere Hochachtung vor der Ehe.

Sehr interessant waren mir die vielen Aussprüche über Byron, von dem er immer eine gute und eigne Meinung hat.

Ich rechne von Tag zu Tag, wann nun endlich Post aus der Heimat ankommen könnte – und wie sehr warte ich auf etwas Liebes von Dir! Dann will ich Dir noch sagen (wollte es schon immer): wenn mir etwas Besonderes zustoßen sollte, woran ich nicht glaube und was ich nicht glauben kann – hast Du allein an Deine Kinder zu denken.

Mein Schätzchen, mein Liebstes, schreib mir etwas recht Liebes und Hübsches und vergiß das Küßchen nicht!

Immer Dein Gerrit

\*

*Vendiyies, Mai 1918*

Ich liege abends auf meinem Strohsack und denke an Dich, sehne mich nach Dir – bis ich hinüberdämmere. Wenn ich an die letzte Zukunft denke, sehe ich Dich mitunter als alte feine Dame, so wie hier manche alte Französin noch all die vornehme Grazie der Dame bewahrt, und kann mir vorstellen, daß Du auch dann immer liebenswert sein wirst. Schließlich kommt es ja nicht auf den sterblichen Leib an. – Mich beherrscht allein das absolute Bewußtsein des Zusammengehörigkeitsgefühls zwischen uns beiden; es ist stärker als die jähen Empfindungen, die der Krieg an sich weckt. – Wo Du hingehst, da will ich auch hingehn – wo Du bleibst, da bleibe ich auch. (Wo Du stirbst – will ich auch sterben!) Ich weiß nicht, warum Du manchmal so traurige Augen hast – aber ich weiß, daß ich mich abends so wehmütig-traurig fühle – weil ich so glücklich bin. Welches Glück doch, einen, nur einen einzigen Menschen in der Welt zu wissen, dem man ganz zu eigen ist, der einem so restlos anheimgegeben, mehr als es Schwester, Kind oder Mutter sein können! Liebe! Die aus der einzigen dunklen und allmächtigen Quelle rauscht, aus der auch Tod, Wahnsinn, Leben kommen. Ich weiß, daß Du einmal (freilich nicht an mich) geschrieben hast: Ich bin nie verliebt gewesen, aber wenn ich liebe, ist es auf Leben und Tod. –

Das ist ein schweres, bedeutungsvolles Wort, das man nicht leicht sprechen kann. – Wenn Dein Herz wieder ganz gesund und lebendig ist, will ich Dich fragen, ob Du *mir* dies Wort wiederholen willst und kannst!

– Komm in meinen Blick, an meinen Mund, an mein Herz, daß ich Dein Leben spüre, in mich einströmen fühle.

> Du um Du
> Ein neues Leben,
> Sturm und Ruh
> Und glückbeklommenes Schweben
> Stolz im Tag.

Es wird dunkel; wir haben kein Licht.

Gute Nacht! mein einzig Du!

*

*Vendiyies sur Ecaillon, den 17. Mai 1918*

Mein Lieb, tausend Dank für Deinen so lange ersehnten Brief. Leider schreibst Du nicht, wie es Dir geht; das hätte ich vor allem gern gewußt, denn ich hatte mir schon manche Sorge gemacht.

Das bewußte dunkle Aufbegehren hatte ich schon nach wenigen Stunden vergessen, denn dazu bin ich innerlich doch zu beweglich. Geschehen – abgetan. Solche Auseinandersetzungen, die mitunter zur Aufklärung des Zustandes zweier Menschen nötig sind, lassen sich mündlich so schnell und schmerzlos abtun; brieflich dagegen nehmen sie einen so ungebührlichen breiten Raum ein und erhalten dadurch ein Übergewicht, das sie in Wirklichkeit gar nicht haben. Also, Liebchen, wir wollen weder besonders kritisch noch geistreich sein, vielmehr recht hübsch zierlich und. lieb – denn dies haben wir beide in unsern jetzigen Verhältnissen not. Hoffentlich bringt mir Dein anderer Brief, von dem Du schreibst, etwas Fraulich-Freundliches, wonach mich so sehr verlangt. Ich habe tägliche und stündliche Sehnsucht nach Dir, ich kann Dir nicht sagen, wie groß mitunter; höre ich nur jene Orte am Rhein, oder auch die andern, wo Du warst, ehe wir uns sahen – so beschleicht mich ein heftig Verlangen, dort zu sein – denn sie sind mir alle durch Dich mit eignem Zauber gefüllt, und weil ich Dich so sehr liebe, hab ich auch sie lieb. Die kurze Spanne auf der Höhe zu Königswinter und das Talabwärtswandern, sie sind mir unvergeßlich! Ja, Lieb, alle jene Hochschwingungen, wie sie nur Musik in uns erregt – muß ich entbehren – wie schmerzlich dies für mich ist, weißt Du. Als Soldat lebt ja nur der Körper eigentlich. Eine erfreuliche Erbauung ist mir in den Abendstunden Eckermann, der getreue Goethe-Famulus. Manches, was gerade mir wertvoll war – schreib ich Dir noch. Und dann, weißt Du, Ritterlichkeit ist Erfahrungssache. Übe also nur Geduld in diesem und manchem andern, was Dir noch nicht ausgewachsen ist – und einmal werden Dir doch die schönen saftigen Früchte herbstreif in die offenen Hände fallen.

Hoffentlich läßt Dir Deine (Dir so interessante) Tätigkeit Zeit zu einem hübschen Pfingstausflug – und das mußt Du mir besonders versprechen – daß Du Deine freie Zeit irgend nach Möglichkeit zu Spaziergängen ausnutzest! Hörst Du? Du willst und mußt doch wieder gesund werden und munter, wie früher, dazu! Nun hast Du Deinem Brief ein so karges Küßlein angehängt, daß ich damit wirklich nicht zufrieden bin; weißt doch, welch »heiliger großer Küsser« (Goethes Secundus-Gedicht) ich bin, und wie Du selbst sagst: »welch kußbedürftiger Mann«. Du hast nun also die besondere Pflicht, solche Lässigkeit wieder nachzuholen.

Liebste, Dir gehören nicht allein meine Lippen – nein, vielmehr mein ganzes Wesen – *das gute Herz!*

*

*21. Mai 1918*

Mein liebstes Herzchen, nun habe ich doch fast jeden Tag geschrieben – wie hätte ich sonst Ruhe vor mir selbst – und Du sagst
noch immer: Heute, gestern keine Post von Dir! Von jetzt ab werde
ich die Briefe wieder mit Buchstaben versehn. Weißt Du, jetzt eben
habe ich mir von der gerade erhaltenen Löhnung ein Fläschchen
»Rhein-Wein« (bedenke: Rhein! Rhein!) geleistet – da ich nun nicht
so sattelfest im Trinken bin, Du Schlemmerchen, um nichts Böseres
zu sagen, so spür ich schon etliche Geister tanzen. Du würdest mich
ja mit Triumph über»flügeln«. In der letzten Zeit hörte ich mehrfach
aufs deutlichste Musik, so heute morgen, kurz vor dem Aufwachen
einen rassigen Krakowiak, den ich vor langen Jahren vom russi-
schen Ballett in Hannover tanzen sah. Ich pfeife ihn nun schon den
ganzen Tag. – Mein Mädelchen, mein Frauchen, Du mein Herz, Du
weißt ja gar nicht, *wie* lieb ich Dich habe –! Und wieviel Sehnsucht
hin und her wogt jeden Tag zwischen uns. Ich glaube, wir werden
noch mal ganz verrückt vor Liebe! Laß mich Deine langbewimper-
ten Augen, Deine Augen, Dein Halsgrübchen küssen – küssen!
Nein, nein – so darf ich Dir nichts sagen–ich betone aufs feierlichste,
daß ich ganz schändlich vernünftig sein kann; aber verzeih, denn in
diesen Tagen geht das schöne, schöne Leben ganz mit mir durch!
Ich bin so verzückt, seh ich nur Baumgrün, prächtige Ochsen (die
ochsenäugige Juno! Homer) rote Dächer – – – und über und durch
alles verschlingt und schwingt Deine geliebte Gestalt, Auge –
Mund!

Mund –

Bitte, bitte, sag, daß Du mich lieb hast!!!

*

*24. Mai 1918*

Mein liebstes Schätzchen, mein kleines zartes Täubchen – mußt
doch nicht so traurig sein. Schreibst, daß Du Pfingsten ganz allein
da sitzest – ich glaube, Du vergißt mitunter ganz, daß Du sonst ein
munteres rassiges Frauchen bist. Wie schön und ganz anders wäre
es, wenn wir erst zusammenleben könnten. Um wieviel zusammen-
gefaßter könnte einer sich dem andern anvertrauen, hingeben, in

allem, was Leben und Verstehen heißt. Du bist ja nun fast der einzige Mensch geworden, dem ich *alles* sage, nicht nur mein Menschliches, sondern auch mein Dichterisches anvertraue. Ich spüre, daß Du noch mehr in mich einzudringen imstande seiest, wenn Deine Alltagssorgen nicht so niederdrückend und zersetzend wären. Dann könntest Du mir mit ungeteilter Hingabe zuhören und antworten. *Darum* denke ich mir auch das künftige Zusammenleben so vielversprechend schön und real-ideal! Denn dann wirst Du ganz in mich wachsen – nicht nur leiblich-menschlich, sondern auch geistigseelisch. Ich glaube, Du wirst mir viele Menschen, die mir jetzt noch nahestehn, ersetzen und das, was mich zu ihnen zieht, in Dir vereinigen – denn, um die Wahrheit zu sagen – (und an der Tatsache, daß Du seit längerer Zeit mein »Tagebuch« geworden bist, ist es ja offensichtlich) – Du bist mir so nahe gerückt, daß sich Entfernung und Kühlsinn zwischen mich und meine Freunde unmerklich schiebt und vergrößert. Alles fast, was ich sonst andern anvertraute (und ich lege Wert darauf, mein Meinen und Fühlen als Konfession und Document humain für später festzulegen!) sage ich doch Dir nun.

Das war ja sehr nett, daß Dir die Pulvermädels solche hübsche Freude gemacht haben! Ja, – die Obern und die Untern – wechselweise fühlt man sich zu ihnen hingezogen oder abgestoßen. Letzten Endes ruhen wir am reinsten und sichersten im eignen Herzen, das darum seine Güte zur Menschheit nicht zu verlieren braucht.

Dein »Gemahl«, der immer Dein treuester Freund und ganzer Geliebter sein will.

*

*30. Mai 1918*

(Auf »meiner« Wiese zwischen Bäumen, Kühen und Gras)

Du mein Herz – von unserer zweitägigen Marsch- und Gefechtsübung (nördlich Cambrai) zurückgekehrt und noch recht strapaziert, finde ich Dein liebes Brief chen. Mir steckt immer noch der Eckermann im Kopf, und ich komme noch mal auf ihn. Die bewußte Stelle heißt: »Der selige Reinhardt wundert sich oft über mich, daß ich in bezug auf die Ehe so strenge Grundsätze habe, während ich in allen übrigen Dingen doch so läßlich denke.« –

»– – alles opponierende Wirken geht auf das Negative hinaus, und das Negative ist nichts. Wenn ich das Schlechte schlecht nenne, was ist da gewonnen? *Wer recht wirken will, muß nie schelten, sich um das Verkehrte gar nicht bekümmern, sondern nur immer das Gute tun.* Denn es kommt nicht darauf an, daß eingerissen, sondern daß etwas aufgebaut werde, *woran die Menschheit reine Freude empfinde.*«

Ich freute mich, diese Ansicht, die immer die meine war, von Goethe so klar bestätigt zu finden. Also: Nicht mehr als nötig sich über Dinge ereifern, die es gar nicht wert sind. Das ist beileibe kein Phlegma (was Du vielleicht auch meinerseits bezüglich Politik meinst), sondern richtiges Distanz-Halten oder Überlegenheitsgefühl.

Köstlich ist doch eine Stelle über Byron (den ich leider noch gar nicht kenne): »– – er mußte immer dichten. Zu seinen Sachen kam er wie die Weiber zu schönen Kindern, sie denken nicht daran und wissen nicht wie.«

Liebchen, kannst Du Dich mit Lesen nicht etwas zerstreuen? Aber dazu hast Du dort wohl weder von außen noch von innen wenig Ruhe? Lies: Hamsuns »Pan«. In den nächsten Tagen werde ich wohl von Lersch einige Bücher bekommen: vor allem: der weltselige, gute graue Erdenvater Walt Whitman, ein Kosmos und Sohn von Manhattan!

– Eben kommt noch ein Brief von meiner kleinen Mai! Ja, Herz, hast Du denn meinen Brief vom Zehnten noch nicht?

Das ist recht, daß Du Dich ordentlich pflegst! Was von der Nahrung abhängt, spüre ich hier jeden Tag. Sehr gutes, wenn auch knappes Essen hat mich ganz mobil gemacht (dazu das schöne Grün meiner Wiese, wohin ich immer pilgere) – so daß ich von rechter Lebenslust voll bin und mir täglich sage: Wie ist das Leben *schön*! Es gibt nichts Schöneres als das Leben! Und Sehnsucht hat mein Schätzchen? Wie niedlich – nun, morgen pflück ich Dir ein Kästchen voll lauter Wiesenblumen: Vergißmeinnicht, dottergelbe Butterblumen und Margeriten, gelt? Da wirst Du Dich ein wenig freuen. Vergiß aber dann nicht, es mir hinterher zu sagen. Wenn meine Sehnsucht so groß ist, dann nehme ich zu Deinem Bild meine Zuflucht und freue mich meiner »feinen, zarten Dame«! Und das Schächtelchen mit den Kleinigkeiten (Gott, was sind diese Dichter doch feminin!), das darf ich nur einen Spalt weit öffnen, um diesen »Hauch von Luxus und Leichtsinn« zu spüren.

Es küßt Dich Dein Einziger

*

*Pfingsten 1918*

... wollte Dir zur Feier des Tages nun einen ganz besonders großen Brief schreiben – aber ich schreibe nun seit Mittag fast sechs Stunden Gedicht-Urschrift, Abschriften, Briefe usw. Notizen – und bin doch müde geworden. Meine Pfingstfreude, oder genauer: Arbeit, war dies Gedicht. Bin nun froh, daß es fertig ist.

Meinst Du nicht auch, daß es immerhin eine Leistung ist für die knappen Stunden zweier Tage? Aber jede geleistete Arbeit macht Freude. Nur Arbeit und Tätigkeit (in jedem Sinne natürlich) macht Freude. Ich habe mich recht über Deine tausendundein Briefe gefreut. Sieh mal an, wie Du Dich doch per Brief räumlich vergrößern kannst! Nauheim – ja, das wäre schön; denn: Berlin! Steinwüste – nein, ich muß schon etwas Grün haben. Ich merkte es eben noch so recht, da ich im Baumschatten, in Butterblumen und Gras, neben grasrupfenden Kühen das Gedicht schrieb – franziskanisch-paradiesisch.

Gerrit

*

*2. Pfingsttag 1918*

Heute erhielt ich Dein Kuchenpaketchen. Es war noch ganz frisch. Danke schön! – Ich fühle mich so kannibalisch wohl in diesen heißen Tagen – fühle, – mehr in den Knochen und dem »süßen Fett, das auf meinen Knochen« sitzt, überhaupt in den Blutströmen, der Hirnsubstanz und dem Herzmuskel – als daß ich's recht beschreiben könnte – daß ich wieder mal ein neuer Mensch geworden – reifer, das ist: älter und jugendlicher. Und nicht zum wenigsten durch die erdrückenden Kriegsjahre. Ich fühle, daß ich tiefer in den Grund wurzle, in die Breite wachse und in die Höhe schaue. Möchte es nun bald ein Ende haben, damit wir zusammenleben können und ich recht lebendig ausströmen kann, was sich innen alles regt. Denn an Dir werde ich ein besserer und vollkommenerer Mensch;

Dein Sein ist für mich eine wichtige Bedeutung, und Dein Wesen wird von wohltuendem, schönem Einfluß sein und mich in froher Arbeit bestärken.

Tod ist Leben –
Leben Schweben,
Angstvoll schön –
Immer blühen Wolken in den Höh'n
Überall! –

Mein göttlich Haupt ist nun aller Blüten entblättert, es ist nämlich ratzekahl geschoren! Auf diese Weise bekommt man nun Ähnlichkeit mit: Sträfling, Kegelkugel, Globus und so!

Mit diesem Brief sende ich auch das Blumenkästchen ab – mögen sie nicht gar so geknickt ankommen und Dir mehr sagen und bedeuten als sie scheinen. Komm mit auf meine Wiese! Sitz neben mir, schau in die Wolken, die noch immer weiter ziehn – in Blütenbäume – spür den süßen Ruch des lebenden Grases – – –

Träume, trinke – säume, sinke – küsse!
In dem Weltmeer wimmeln einig tausend Flüsse –

Ich bin so glücklich, daß ich liebe! Und daß ich *Dich* liebe!!

Dein Gerrit

\*

*2. Juni 1918*

Mein Lieb, ich bin so traurig und mutlos – hatte heute, Sonntag, so sehnlichst einen Brief von Dir erwartet. Dieser elende Krieg! der mich so brachgelegt hat – wie verzweifle ich mitunter und fühle mich unglücklich – denn wie soll das werden, wenn es später so weitergeht? Was habe ich die ganzen Jahre Gutes geschaffen? Dann war es besser, ich trüge dies langsame innere Absterben allein in irgendwelche Einsamkeit.

Nur Du allein könntest mich aus solchen Zweifeln heben; in Deinen Armen möchte ich, ein Kind, wunschlos alles vergessen – Krieg,

Kunst, alles. In Deiner Liebe leben, wäre doch mehr denn alles andere!

Zu lange, zu lange noch, bis ich wieder bei Dir bin – – Ich lebe wieder allmählich in diesen trägen, tierischen Zustand der Gewohnheit des Von-Tag-zu-Tag-Lebens hinein. Bin ich doch auch nur Soldat – ein stumpfes Tier in der großen Herde. Fast vier Jahre Soldat, jeden Tag: Soldat – soll man da nicht stumpf werden? Und drüben winkt, so *unerreichbar*: Du, Ehe, Liebe, Glück – daß ich mitunter das Hoffen darauf vergesse.

Sei lieb und gut Deinem Gerrit

*

*3. Juni 1918*

Über den Kuchen, den Alkohol und den Anfang Deines Briefes habe ich mich sehr gefreut – gegen Ende aber mißfällt er mir.

Du schreibst: »Ich würde vielleicht besser in den Rahmen als Frau eines großen Politikers passen denn als Dichtersgattin, meinst Du nicht auch? Ich bin so aber auch ganz zufrieden, und über die Blümchen von meinem Dichter habe ich mich herzlich gefreut, so er Wert darauf legt, das zu hören.«

Ich habe keine Meinung darüber, ob Du Dich zur Frau eines Politikers besser als zu der eines Dichters eignest. Das mußt Du wissen –. Dieselbe Freiheit bezüglich Entschließungen, die Du mir zugestehst, muß auch ich Dir natürlich zubilligen. Das »auch so ganz zufrieden sein« hört sich für mich etwa so an: daß ich Dir in Ermangelung von Wünschenswerterem und Besserem schließlich genügen könnte. Zufriedensein aber genügt niemals in Liebe und Ehe! Du willst mich ja auch ganz haben, und Du weißt, daß ich Dir ganz gehöre. Liegt denn aller Antrieb zum Jetzigen und Zukünftigen in unserm Verhältnis nur bei mir?

Einen herzlichen Gruß!

Gerrit

*

4. *Juni 1918*

Liebstes, ich glaube, Du hast es nicht ganz so gemeint, wie ich es herausgelesen. Ich war gereizt durch den nonchalanten Ton, mit dem Du da etwas sagst, was an die Wurzel unseres Verhältnisses rühren könnte. Jedenfalls hättest Du solches und so nicht mehr sagen dürfen und sollen! Erst recht schon nicht in scheinbar scherzhaftem oder ironischem Ton. Wenn Du Entschließendes sagen wolltest, dann schon im Ernst. Nun hoffe ich, daß es Dir nicht Ernst damit war; daß Du mich möglicherweise nur »frozzeln« wolltest. Du weißt, daß auch ich empfindlich bin – und solltest etwas darauf achten. Es sollte mir sehr leid tun, wenn Du Dich über das Gestrige ärgern solltest – denn das will ich doch nicht, sondern Rücksicht um Deines zarten Zustandes willen üben – aber diesmal kann ich wirklich nicht dazu. Ich bin nun nicht eher wieder beruhigt, bis ich diese Zeilen in Deinen Händen weiß. Warum mußt Du auch dieses alles wieder heraufziehen? Es quält mein Herz doch auch! Und es hat in der letzten Zeit immer allerlei unstatthafte Anwandlungen. Du mußt lieb und herzlich zu mir sein wie sonst, und wie ich's zu Dir im allgemeinen doch auch immer bin!

Es küßt Dich

Dein Gerrit,
der das Gewesene vergessen will.

*

20. *Juni 1918*

Liebe Annie, es freut mich, daß Du Dich vergnügst; wie ich aus Deiner Rheinkarte sehe. Wenn Du die Strafe des Exilierten als hinreichend und die Pause als lange genug erachtest – magst Du sie, als die Verhängerin (und natürlich, sofern Du willst) wieder aufheben. Es liegt mir fern, über mich zu reden – darum heut die Kürze. Höre noch (und das wirst Du am liebsten hören), daß mir Deine Karte ein Freundlich-Zeichen war, das ich übrigens seit vorgestern ahnte.

Herzlichste Grüße!

Gerrit

*

Mein liebster Schatz, ich kann nun nicht länger an mich halten. Ich könnte es, wenn Du's gewollt – aber das hieße die Selbstquälerei der letzten Wochen fortsetzen. Wie ich, wirst auch Du gespürt haben, daß solche Pause ein ganz unnatürlicher Zustand für uns ist und statt Beruhigung nur mehr Unruhe und Quälerei bringt; und was schlimmer und bedeutungsvoller: je länger von Dauer, könnte sie durch gegenseitige künstliche Erkältung gefährlich werden! Ich bin stumpf und lebensunmutig geworden – ich hätte diesen Zustand, liebeleer und drückend, und so wie ich bin: heimatabgeschnitten, nicht lange mehr ausgehalten – und wäre nach *dieser* oder *jener* Seite umgeschlagen. Ich kann nicht mehr ohne die Liebe leben – bist Du mir doch das eine allein, das mir die einzige Freude und Wärme gibt! Mein Herz, es ist ja ganz gleich, *wo* wir leben werden – wenn wir nur zusammen sind! Mag so viel Erhofftes zusammenfallen – aber es bleibt immer noch *genug übrig*, denn letzten Endes liegt alles nur in uns selbst.

Mein kleines Frauchen, sei lieb und laß mich wieder fühlen, daß Du mein bist. Laß es mit der Strafe genug sein und gib die kühle Art auf – das macht krank und ein schweres Herz. Hast Du Mut für die Zukunft? Wir werden beide arbeiten müssen. Haben mich die letzten Wochen über unser Verhältnis nüchtern-verständig nachdenken gemacht (von neuem) – so weiß ich nun doch wieder, daß über allem Dafür- und Dagegensprechenden nur die Liebe den Ausschlag geben kann. Und können wir wohl darüber noch eine Frage auf werfen?!

Ich weiß nicht, was ich hierzu weiter sagen soll–ich möchte bei Dir sein, jetzt, im Augenblick! Und Wort, Frage, Antwort wären hinfällig und nichts vor unserer gegenseitigen Gegenwart, vorm Da-Sein, und wir fühlten nur, wie wir uns angehören und ineinander verwurzelt sind. Trotz allem. Sei wieder gut! sei lieb, sag, daß Du wieder mein Schätzchen, mein Frauchen bist und mich küssen magst. Ich bin noch stumpf, leer, traurig – und warte auf die Freude, die Du mir wieder geben wirst. Nimm mich wieder hin – ich bin wieder, und will nichts anderes sein, ganz der Deine! und küsse Dich unnennbar.

Gerrit

*

Mein liebstes Schätzchen, schönen Dank für Deine lieben Zettelchen und das Briefpapier! Gestern habe ich innig und artig von Dir
geträumt. Viele Menschen um uns – ich kam auf Dich zu und legte
den Arm um Dich – Du warst traurig und zärtlich und– – klein, so
ganz püppchenklein. Merkwürdig!

Wie geht's unserer lieben Veronika? Neue Schwierigkeiten, nicht
wahr?

Heute bin ich auf Wache. Langweilig. Man möchte fliegen: Cho-
pin-Walzer, Stockholm, Schwimmen in sonniger Flut – und klebt
noch immer in einer dummen französischen Dorfstraße.

Für heute einen herzlichen Kuß!

Dein Gerrit

*

9. Juli 1918

Annie, geliebteste Frau! Mich quälen tausend Gedanken vom
Morgen zum Abend, vom Abend bis in die Nacht! Jeden Tag. Der
einzige Gedanke: Du! Wenn ich jene verheißenden Bopparder Tage
wieder vor mir sehe und jetzt diese quäl- und schmerzvollen – so
kommt mir die Wandlung gar nicht ins volle Bewußtsein. Ich kann
es gar nicht fassen! Ich bin tief unglücklich! Liebe, Liebe, Du hast
mir doch den kleinen Zettel gesandt: »Schreib mir doch wieder!« Ich
schrieb sofort, ich stürzte zu Dir hin mit allem, was ich bin! Und
nun schweigst Du. Und ich weiß nicht, ob Du Dich von mir zurück-
ziehen willst! Annie, ich beschwöre Dich: wenn Du noch etwas
Idealismus hast, wenn Du noch ein *wenig* Liebe zu mir trägst, wenn
Du weiter ein gütiger Mensch gegen mich sein willst: *dann laß Dich
von meiner Liebe halten!!* Sieh – auch diese Deine augenblickliche
schwere Prüfung wird doch wieder weichen und neuem Hoffen
Platz machen! *Ich will alles tun, was ich kann*, ich *will*, daß es ein gutes
Leben für uns werden soll. Und glaub doch: *Mit Dir* wird meine
Kraft für den täglichen Kampf wachsen. *Wir werden es zwingen.* Wa-
rum nur so ganz mutlos? Sprich doch – bitte! Ich bin überzeugt:

wenn ich nur einen Augenblick zu Dir könnte, Du würdest trotz allem neuen Mut gewinnen, Du würdest auch Energie in mir spüren. (Vielleicht hast Du zu diesem bei mir wenig Zutrauen. Aber glaub, *ich gehe meinen Weg!*)

Laß Dich von meiner Liebe halten! An Dir wollte ich mich zu einem noch immer bessern Menschen aufrichten, von Dir lernen, aus der Gemeinschaft mit Dir unerschöpfliche Kraft und Freude zu meinem Werk gewinnen. Du würdest mich sonst zurückschleudern in ein lebendig Totsein! Ich wäre wieder so unglücklich und zerschlagen wie vor sieben Jahren! Wo sollte ich dann noch Mut zu Leben und Dichten gewinnen? Meine geliebteste Annie-Mai, Du weißt ja noch gar nicht, was Du mir alles bist und in welchem Maße! Wenn Du schon Deine Liebe schweigen heißt, so laß mir wenigstens Dein Mitleid, ein wenig Güte und Dein Muttergefühl, und tue, was Dir dieses sagt. Du weißt wohl nicht, wie furchtbar Einsamkeit ist, Einsamkeit innen und außen, und dann in meiner jetzigen Lage! Mit meinen Händen, die ich zu Dir streckte, gab ich alles, mein Ganzes, mein Ich. Dies könnte ich, wenn Du midi verwerfen solltest, nie wieder tun. Ich bin nicht mehr ich selbst. In Ehrfurcht Geliebteste, wohl kann man nicht von der Liebe allein leben – aber doch von der Kraft und der Energie, dem klaren und freudigen Mut zum täglichen Leben, die die Liebe uns gibt. Bedenke doch. Ich habe ja fast gar nicht, wenn wir zusammen waren, von dem praktischen Anfassen unserer Zukunft gesprochen – verzeih, ich war immer so ganz in Dich gefangen, daß mir jede Minute zu solchem Sprechen viel zu kostbar war. Wenn ich erst bekannter bin, wird es gar nicht so schlecht mit mir stehen können! Und mit den zunehmenden Jahren würde sich mein Einkommen steigern und uns wohl ein bescheidenes, doch echtes Glück gewährleisten.

Sprich und laß mich nicht fallen – denn dann wüßte ich nicht mehr, wozu ich in der Welt bin.

Es küßt Dich innig, treu und beschwörend Dein Gerrit, dessen Liebe Dir unverändert und mehr denn je zuströmt!

*

Lieb, ich bin wieder ruhig. Wälze und überlege, was ich später tun kann an praktischem Werk. Bin aber hier doch so mit Händen und Füßen gefesselt (und wie lange noch?), daß ich nicht recht was fassen und sehen kann. Bin ich hier nur erst mal aus dem Krieg, so wird Entschluß und Ausführen schon da sein. Sicher.

Ich dachte so, daß die kleineren oder größeren Krisen zwischen uns doch wenigstens das Gute nach sich führen, daß durch Erkennen und Austragen doch auch nur die Überwindung und damit Erledigung und Besserung kommen kann. Ich sehe eben immer wieder, daß ich an Dir ein immer besserer Mensch noch werden muß. Ist mir auch manches hart und im ersten Augenblick verletzend von Dir – so weiß ich doch, manches verdient zu haben. Und die feste Gewißheit, daß wir später doch ein gutes und besonderes Leben ineinander leben werden, läßt mich leichter über solches hinwegkommen. Ich glaube, Du wirst auch schon ruhiger geworden sein!

Man scheint uns hier noch eine Galgenfrist zu gönnen. Wieviel Tage noch? Doch jetzt ist's mir wieder gleich, ich nehme dies Äußerliche, wie's kommt. Ich habe den guten grauen Walt Whitman, der wird mir draußen Trost sein. Ich habe mir für den Graben drei Zeitschriften bestellt, um nicht ganz zu verkommen. Erstens: Wieland, zweitens: Das junge Deutschland, drittens: Elegante Welt (ja lach – ich muß doch wenigstens etwas Feines und Weibliches spüren, sei's auch nur einen Duft davon).

Nun leb wohl, Du Liebste, und denke an mich, ich küsse Dich und bin Dein.

*

*17. Juli 1918, mittags*

Kaum hier, lastet auf mir wieder die ganze erstickende Beschränktheit der zwei Grabenwände. Nimm's drum nicht übel, Liebstes, wenn ich meinem Innern wenigstens in ein paar Zeilen Luft mache. Herz und Nerven sind doch bei den Artilleriegeräuschen etwas schreckhaft. Kannte ich sonst kaum. Nachwirkung von drei Kriegsjahren. Er hat mich innerlich nun doch mürbe gekriegt, der Krieg. Doch mag's wohl gehen, wenn man die Energie zusammenrafft. Meine einzige Freude jetzt: Goethes Briefe an die Stein. Aber damit bin ich gleich fertig, und mir graut schon vor den leeren Tagen voll Stumpfheit und Resignation. Vom Depot noch keine Post nachgesandt bekommen – hoffentlich morgen! Und ein Brief von Dir!! Gott! könnten wir doch heiraten!

*

*18. Juli 1918, morgens*

Eben gewaschen. Zähne geputzt. Kaffee mit Brot. Graben gekehrt. Nun in meiner Ecke bei Zeitung, Buch und Brief. Hatte Grabendienst diese sturm- und regenfinstere Nacht. Schlafe immer nur vier bis fünf Stunden. Aus Nord und Süd: schwaches Offensivdonnern! Sonst ziemlich ruhige Stellung; sogar noch von Zivil bewohnt.

Augenblicklich lese ich im ersten Teil von Goethes Briefen an die Frau von Stein. Verwundert bin ich über dies einfach Herzmenschliche ohne eigentliche Bedeutsamkeit. Außerdem feile ich etwas an Gedichten.

*

*19. Juli 1918*

Guten Morgen! Liebstes. Hatte Grabendienst. Eine wundervolle Nacht mit einigen Sternen und Dreiviertel-Mond hell über Flächen und Bergen, die mir mit Denken an Dich und Gedichtbosseln hinging. Nun ist's ein Morgen mit Sonne und Wind. Denk manchmal an mich und habe mich lieb, wie ich Dich lieb habe! Dein Bild ist immer bei mir, und nur Walt Whitman sucht sich daneben zu drängen. Könnt ich Dich nur einmal wieder sehen!

Eben, mittag, noch zwei Tagebuchblätter geschrieben. Habe mir vorgenommen, fleißig an mir zu arbeiten und habe Freude an meiner Arbeit. Romanze wird ganz umgearbeitet, aber die erste Fassung bleibt für Dich. So schaff ich doch einen Ausgleich, und nur so ist die Monotonie des Grabens zu ertragen.

*

Guten Morgen, liebste kleine Frau! Nach einem frischen Bad in der Maas sitz ich nun heftig in der Arbeit eines größern Gedichts, das ein guter Wurf zu werden verspricht.

Im Grün mit einem Brot und einem Krug
Voll Wein und einem Buche fein und klug,
Und neben mir Dein Bild dann in der Wildnis,
So ist die Wildnis Paradies genug.

Komm, laß die Weisen reden, setz Dich nieder,
Das Leben ist so kurz und süß der Flieder.
Nur eins ist sicher und der Rest ist Trug:
Verwelkte Blumen blühen niemals wieder.

*Zwei Rubaiyat des Omar Chajjam.*

Einen zärtlichen Kuß

Dein Gerrit

*

*(Auf Feldwache) 25. Juli 1918*

Kleine, süße Dame – mein liebstes Schätzchen – endlich hör ich mal wieder Zärtliches von Dir! Nach Deinem Brief vom 8. hab ich nur den vom 21., da werden mal wieder welche verloren sein! Es fehlt mir auch immer noch Post vom Depot her. Also Du hast gelacht ob meiner praktischen Meinung! Ja, – ich habe in den letzten Tagen wieder so himmelhoch in den obern Regionen herumgeturnt, daß es denn nicht sehr verwunderlich ist, wenn ich plötzlich daliege, wo ich eben hinfalle. Gott! es waren innerlich so wundervoll warme Tage in mir – und selbst aus dem kleinen Stückchen Blau, das vom Graben aus wie ein Fenster zu sehen, schweift in solchen Momenten des gehobensten Lebensgefühls alles ins Grenzlose. Und es ist ein Ausgeben wie in der Umarmung. Nun wieder, nach dem Ausströmen hinsinnende Weichheit – zärtliche Melancholie, von jedem Baum und jedem Wolkenzug angerührt. Und: mein lieber

Vater Walt Whitman! Er ist immer in der Herztasche meines Rockes. Dieser Dichtermensch ist unendlich. Ich freue mich schon im voraus, wie ich ihn Dir später begeistert in alle Sinne tragen werde! Du mußt ihn kennen! Ihn kennen und lieben, ist nur die einzige Möglichkeit. Dir aber blühe ich so warm und glücklich entgegen, wie ich nur kann! Es lebt wieder alles mit Dir, hier und dort. Mitunter fühle ich mich im Geist und den beseelten Sinnen in so inniger Verschmolzenheit und Gemeinschaft mit Dir, als sprächen, gingen, äßen und ruhten wir, wer weiß wie lange schon, miteinander. Ich habe Dich sehr lieb und sehr zärtlich! Allerhand habe ich in der letzten Zeit geschrieben: drei Tagebuchblätter, drei kleine und ein großes Gedicht, dazu viel Feilarbeit. Bin ich so im Rausch des Schaffens, so bin ich so zukunftsicher und sieggewiß, daß ich sage: es *muß* ja werden! Wartet nur, was ich Euch noch für Dinge vor Eure allerwerteste Nase setze!!

>>Deine Völker hassen, wandern, lieben
Unaufhörlich um den Horizont –
Ach, an Deine Weltenbrust getrieben,
Sollen alle Brust an Brüsten liegen,
Heiß von Deiner Güte übersonnt.<<

Es küßt Dich Dein Getreuer

\*

*30. Juli 1918 (In einem Waldlager, in der Morgensonne.)*

Eben drei Stunden Marsch hinter uns. Bis heute abend Pause, dann weiter. Liebe, liebstes kleines Frauchen, mein Schätzchen, ich danke Dir innig für Deinen lieben Brief. Gestern habe ich den ganzen Tag, wie in einer Vorahnung Deiner herzlichen Zeilen gepfiffen, gedudelt, gesungen. (Ganze Potpourris, von Boccherini bis Puccini kamen vom Stapel!) Lersch schreibt mir so lieb wie ein Bruder. Ich bin so glücklich (und das bestärkt mich in meinem Schaffen) zu sehen, daß meine Dichtung an diesem Menschen so große Wirkung tut, und das ist: *Freude zu geben.* Ich lebe und dichte doch nicht für mich! Denkst Du nicht auch, daß ich über Eitelkeiten erhaben wäre? Mir tut diese seine unverhüllte Herzensneigung wohl.

Dieser Brief wird durch unsere Reise wohl sehr verzögert werden, aber ich schrieb ihn immerhin, denn wer weiß, wann ich wieder Zeit habe. Vielleicht wirst Du für eine Weile nichts von mir hören, ich schreibe gewöhnlich erst dann wieder, wenn eine solche gewisse Episode, vor der wir stehen, hinter mir liegt. (Abgesehen davon, daß Post meistens gar nicht befördert werden kann.) Sei nun nicht ungeduldig oder gar besorgt um mich, sondern habe lieb und sei so vergnügt und des guten Geschickes froh wie ich.

Viele, viele Küsse von Deinem treuen Gerrit

*

*5. August 1918*

Gestern Sonntag Musik unserer Kapelle auf der Dorfstraße – »Madame Butterfly«! Herrgott, da könnte man rasen – da bricht alle Sehnsucht doppelt auf! Aber dann bleibt man ganz ruhig vor der Haustür, auf dem Hauklotz sitzen, und sagt zu sich: Morgen exerzierst Du wieder, selbstverständlich, und übermorgen – und üb<br>erübermorgen – und so fort! Dieser verdammte Kriegstag, *Soldatentag!*

Mitunter denke ich, ich halt's nicht länger aus – aber dann lächelt man doch wieder stumpfsinnig, blöde, ironisch in sich selbst! Weiß man doch, daß man so weiter macht. Mein großes Soldatengedicht ging durch Lersch nach der Schweiz. Ich bezweifle, daß es der Zensor passieren läßt. Denn man wird es nicht menschlich (wie es gemeint ist), sondern politisch werten.

Mich hat das alte Exerzierelend wieder gefaßt, und ich bin menschlich und dichterisch wieder ganz schweigsam und stumpf.

Mitunter denke ich heftig an Dich – denn selbst die Zeitung bringt etwas Weib-Fluidum!

Einen Kuß
Dein Gerrit

*

*8. August 1918*

Liebste kleine Frau, erst heute habe ich Deinen »ernsten« Brief, von dem Du sprachst, erhalten. Datiert 15. Juli – angekommen erst jetzt. Ja – kleine Frau, Du machst Dir wirklich unnötige Sorgen, und je länger Du sie nährst, je krankhafter werden sie. Du kommst also wieder mal auf den »Kardinalpunkt: unsern Altersunterschied«. Es ist sehr klug von Dir, vom Gesichtspunkt der Allgemeinheit betrachtet, dies in Erwägung zu ziehen, aber im besondern Falle wäre es doch besser, diese paar Jahre nicht mehr zu erwähnen, noch dazu bei Deiner geistigen Lebendigkeit. Eins bemerke ich voraus: *Alles*, was sich zwischen uns bewegt, unser So-zueinander-Sein, will immer nicht mit dem Normalauge, dem wirklichen und dem moralischen, des Bürgers betrachtet werden, sondern durchaus mit dem des Besondern! Verliebt war ich jetzt und begehrte das «Weib? Du kennst mich doch zu wenig und schätzt mich eben als den »jungen Mann« ein. Glaubst Du denn, daß mir das Weib an sich soviel bedeutet? Durchaus nicht. Natürlichsinnlich, weiß ich doch, daß solche Regungen nur dann aus dem Triebhaften zu heben sind, wenn sie (so gut oder schlecht es geht) ins Geistige zu reichen vermögen. Ich bin Künstler und Dichtermensch, dies lebt zuerst in mir – danach erst der leibliche unwichtige Mann. Bedeutet mir das Weib an sich schon jetzt in meinen »Brausejahren« wenig, um wieviel weniger dann erst später. (So denk ich wenigstens jetzt.)

Ich bin nicht verliebt in Dich – sondern ich *liebe* Dich. Das ist ganz was anderes und hat durchaus ruhiges und »vernünftiges« Tempo und kennt nicht die blinde Benommenheit der Verliebtheit. Ich liebe Dich nicht bloß als *Weib*, sondern ich schätze und respektiere den großzügigen und temperamentvollen Menschen in Dir. Nein, so wichtig ist der Körper doch wahrhaftig nicht! Ich glaube, es war Brentano, der mit Karoline Schlegel (? Witwe des einen Schlegel, geistig regsam), die zehn Jahre älter als er war, in durchaus glücklicher Ehe lebte. Sieh, und ich hab ja schließlich auch verdammt viel Romantik im Blut.

Und dann – wolltest Du Dich mit einem schwachen Ruck des gebrechlichen Steuers im Strom des Schicksals, darin wir der Zukunft und damit dem Unbekannten zutreiben, zur Wehr setzen? Mein Entschluß steht fest. Sind wir auf eine gemeinsame Bahn gesetzt, so wollen wir sie auch beharrlich (konsequent) und gut weitergehen, Wohin? – weiß niemals ein Mensch – wir können nur Leitlinien vor uns ziehen und treuer, zuversichtlicher Ahnung vertrauen. Und dann Veronika: Ich werde sie sicher sehr lieb haben – so wie ich eben Kinder überhaupt liebe, und mein Künstlerauge wird sich recht an ihr erfreuen – aber mehr? Nein, Du wirst später sicher einmal keinen »Hexentanz im eignen Haus haben«!! Sei getrost und schlag Dir die dekadenten Ideen aus dem Kopf. Willst Du Dich mit Gewalt ins Krankhafte suggerieren? Liebstes Frauchen, ich habe doch lächeln müssen über diese kindhaft-ernsten Worte! Komm und laß Dir's lächelnd und innig auf den Mund küssen, daß so etwas ebensoweit entfernt bleiben wird wie das Milliardärsschloß!

Ich glaube fast, Du hast das alles aufeinandergetürmt, damit es vor meinen abermaligen Bekräftigungen wieder zusammenpurzele! Gelt? Liebstes Frauchen, kümmere Dich zunächst mal jetzt um die wirtschaftlichen Fragen und nicht so böse um die abstrakt-zukünftigen – und mach, daß wir bald in Berlin oder sonstwo in unser Heim einziehen können! Gewagt! Wenn nur der Krieg zu Ende ginge! Übrigens: daß ich wieder hier draußen bin, laß Dir nicht zur Sorge sein – hier draußen noch eine Zeit durchzuwälzen, ist doch genau so bestimmt (und darum notwendig), so schicksalhaft wie – – meine Ehe mit Dir!

Vertrauen wir auf die Güte unserer Herzen und hoffen, daß wir bald miteinander leben!

Viele, viele Küsse Gerrit

*

*12. August 1918*

Um 3 Uhr nachts plötzlich geweckt. Vier Stunden Marsch nach vorn zu – liegen wir jetzt als Reserve im niedrigen Gehölz eines ansteigenden Bergwaldes. Immer wieder heult eine Sirene: Fliegerdeckung. Noch mehr als dies alles beschäftigt mich Walt Whitman, den ich von fünf zu fünf Minuten aus der Tasche ziehe und – Du, die Du mir jetzt überhaupt nicht mehr aus dem Denken und Fühlen kommst. Wie oft nehme ich nicht Dein Liebensteiner Bild aus dem Whitmanbuch – und liege, wenn es nur irgend geht, mit verschränkten Armen im Gras oder unter Bäumen und betrachte Dich. Nur die jetzige Härte und Notwendigkeit, die mich umfaßt, macht, daß die Sehnsucht mir nicht weich und schmerzlich werde. Ich könnte Dir viel Zartes und Heimliches erzählen – doch würdest Du nicht etwa wieder über den Phantasten lächeln? Mir steigen alle jene, schon so fernen Augenblicke wieder auf, die wir zusammen waren: Niederlahnstein, Koblenz, Köln, Boppard, Königswinter, Troisdorf, und alles erscheint in einem eignen und wehmütig-schönen Lichte. Denkst Du an den Gruß von der Straßenbahn in Niederlahnstein – an das Arm-in-Arm-Gehen abends in Köln und Sprechen vom Ring – denkst Du an das Regenwetter in Boppard? an mein überraschendes Kommen in Troisdorf (1. Mai)? Ich sah, wie Du Dich freutest, als Du aus der Tür kamst – und der sonnige Mittag mit Gespräch und Essen bei Reinertz, die Bank und Fernsicht vom Drachenfels? und das Abwärtswandern? – Wann werde ich Deinen zärtlichen Leib wieder an mich pressen? Wann werden wir heiraten? Und ernster: wann werde ich heimkehren?!

*

*13. August 1918*

Im taunassen Gras. Vor dem Franzmann. Gestern kamen wir gleich recht in einen tollen Hexensabbat hinein. Den ganzen Tag schweres Feuer, da wir beim Anmarsch bemerkt wurden. In der Nacht strategischer Rückzug. Loslösung und Täuschung gelang, bis auf einen Teil, der in Franzmanns Hände fiel. Jetzt sitzen wir im Feld mit Maschinengewehr und warten – aber Franzmann ist zu vorsichtig und ängstlich und wagt nicht recht zu folgen. Ein Nach-huttreiben, das mir lustig vorkommt. Die ganze Nacht über waren wir vollkommen isoliert – und warteten jeden Augenblick auf Gefangennahme – aber mit resignierendem Humor. Ich hatte mir freilich für jeden Fall vorgenommen, mich nicht fassen zu lassen (Flucht in dichtem Waldgelände möglich), denn ich will doch bald wieder bei meinem Frauchen sein, und nicht in Paris.

Kuß Gerrit

*

*15. August 1918*

Liebste kleine Frau, einen schönen Gruß! Beiliegend ein Gedicht für *Dich* (folgt), das ich auf dem Transport im Viehwagen schrieb. Kaum haben wir hier in zugluftigem Quartier unter Dachsparren übernachtet, besuchen unsere Gegend auch schon die Flieger. Nebenan ein regelrechtes kleines Trommelfeuer abgeworfener Bomben. Bei uns gab's nur zwei Verwundete.

Weißt Du, eigentlich hab ich Dich gesehen! In Reutlingen nämlich standest Du und winktest bei unserer Vorbeifahrt, hieltest einmal die Hand vors Gesicht – erstaunliche Täuschung. Ich war dann plötzlich ganz ernst und melancholisch. Und konnte mir doch nicht denken, daß – – und doch, wer weiß – –

Jetzt sitz ich unter einem breitschattenden Apfelbaum (der leider schon geplündert) und schreibe ein wenig. Ich denke viel und zärtlich an Dich und an die – Hochzeit (?)

Walt Whitman: *Schöne Weiber*. Weiber sitzen und schreiten hin und her; einige alt, einige jung. Die jungen sind schön – aber die alten sind schöner noch als die jungen.

Es küßt Dich Dein Gerrit

# An Dich

Steh ich vor Dir,
Ein Mann und Geliebter,
Allen Blick in Deinen tauchend,
Zärtlich und liebend und forschend –

Fließt mir ein heimlicher Schauer
Heiß über die bebende Haut:
Das Herz schwillt breit und laut:

Da hebt sich auseinander
Menschliche Reihe!
Frau und Frau, Weib und Weib:
Lange Reihe der Mütter.
Von Dämmerung umrauscht,
Alte, Junge, Greisinnen; schweigend –
Und im Schweigen erhaben wie Schicksal
Vor die strömende Wand
Des Horizontes gebannt.

Plötzlich:
Sehe ich Dich!
Die Letzte der Gestalten –

Geliebteste Du, und mein Weib!
Zierlicher Haltung,
Und im schön gegliederten Antlitz
Die Furchen des Lächelns, die Furchen der Tränen:
Die Furchen des ewigen Lebens
Um Augen und Mund.
Und aber im mystisch beglänzten Blicke
Alle Güte des Weibes!
»Nimm mich hin, nimm mich hin!
Auch ich bin Deines Leibes!
O unentrinnbarer Sinn,
Der tief aus mir beginnt:
Denn auch ich bin, auch ich bin
Dein Kind!«

*10. August 1918 Onesmy (Mojon)*

*

*25. August 1918*

Herzliebes kleines Frauchen, bist gewiß schon ungeduldig. Konnte aber nicht schreiben, da wir im Vorfeld als erste Linie lagen. Jetzt bin ich (vorläufig) als Meldegänger beim Bataillon. Immerhin etwas besser als in der Kompanie.

Wie geht's Dir, Schätzchen? Wie siehst Du jetzt aus? Möchte Dich gern mal wiedersehen! In Urlaub fahren –. Wer weiß wann. Sonntag heute. Wie war's früher anders. Von oben beklecksen uns etliche Schwalben, die in unserer Bude nisten, und unten haben uns die Flöhe und Läuse. Trost sind aber zwei gute Zigarren und »Elegante Welt« nebst »Das junge Deutschland«, darin viel jugendlicher Mist. Wann werde ich endlich zu Wort kommen!

Sei recht herzlich vielevielemale gegrüßt und geküßt von

Deinem Gerrit

*

*27. August 1918*

Mein liebes kleines Frauchen, Dank für Deinen Brief. Gestern sagte mir mein Kompanieführer, als ich ihm eine Meldung brachte:

»Wie gefällt's Ihnen beim Bataillon? Ich denke Ihnen damit etwas mehr freie Zeit für literarische Betätigung verschafft zu haben. *Vielleicht ist das eine Übergangssituation.*«

Soll's nun wirklich Ernst werden mit einer »Kriegstrauung« im Oktober? Ich bekomme aber nicht sowieso Urlaub, sondern auf Grund einer Kriegstrauung. Es müßten hier Papiere beigebracht werden. Das Aufgebot fällt, soviel ich weiß, fort. Hab lieb Deinen Gerrit, der die vier oder fünf Wochen zählen wird. Innige Küsse!

*

*Bussy, den 30. August 1918, abends*

Lieb Herz, meine liebste kleine Frau – heute ist hier wieder der Teufel los. Alles in höchster Spannung. Franzmann überall. Großangriff der Franzosen auf unserer ganzen Front seit heute morgen. Eine Menge Gefangene hat er uns schon abgeknöpft. Ich bin jedoch munter und leidlich vergnügt – nur hab ich große Sehnsucht nach Dir, mein süßes Schätzchen! Mehr als der Trubel hier und meine Befehlsgänge – läßt und läßt mich nicht los: die peinigende Sehnsucht und Ungeduld nach Dir. Wann bin ich endlich wieder bei Dir? Wann *seh* ich Dich – wann spüre ich Dich – wann endlich wieder Deinen kleinen Mund? Doch jeder Tag treibt mich Dir näher – und möchte das Schicksal uns gütig sein und uns im Oktober ein wenig Glück schenken! Nun ziehst Du vielleicht gerade um: leichten Herzens: Fahr wohl, Troisdorf! Gelt? Nun sei nicht besorgt um Deinen Gerrit, der Dich tausendmal küßt und sich in Deinen Arm sehnt!

*

*12. September 1918*
*(Aus der Untiefe eines dunklen Stollens.)*

Meine liebste kleine Mai, ich habe mich sehr gefreut, daß Du nun so eine schöne Wohnung gefunden. Könnte ich jetzt bei Dir sein! Ein eignes Heim! Und doch: soll man aus Stimmungsmomenten heraus Kriegstrauung machen? So gern ich's möchte – leuchtet mir doch ein, was meine Schwägerin schreibt: Du kannst ja dann doch nicht bei ihr sein. – Auf jeden Fall können wir tun, was wir wollen. Meine Eltern in Amerika haben ihren Grundbesitz einem Makler zum Verkauf gegeben und wollen nach dem großen Moment sofort zurückkehren.

Wir scheinen noch immer nicht aus dem Dreck heraus zu sollen. Entsetzlich. Immerhin geht's um die Entscheidung. Aber ob diese im Winter oder erst im nächsten Frühjahr ausgetragen wird – wer weiß es?

Es küßt Dich Dein Gerrit

*

*Graben, 15. September 1918*

Meine kleine Mai, wie geht's Dir und was treibst: Du jetzt? Gewiß hast Du die Umzugsplagerei hinter Dir. Kannst Dir denken, daß ich sehen möchte, *wie* Du ein Heim einrichtest. Aber vielleicht geht der Krieg zu Ende und Anfang 19 sind wir endlich in denselben Zimmern. Oder meinst Du, daß wir doch Kriegstrauung machen sollen? Mit der Dichterei ist's eigentlich ein trauriger und blöder Kram. Wozu die ganze Kunst – wenn sie doch dem Tage fremd bleibt. Ihr ganzer Wert ist nur ein imaginärer. Geldsack und krassester Materialismus sind trotz des »züchtigenden« Krieges weiter Trumpf. In Wirklichkeit bleibt nur eins: auf recht und schlechte Weise wie andere Menschen auch seinen Lebensunterhalt zu verdienen und darüber hinaus sein eignes inneres Leben zu führen.

Wir sind nun schon wieder fünf Wochen im Schlamassel. Zwar haben die Großkämpfe nachgelassen, aber Nichtwaschenkönnen, schmutzige Wäsche von fünf Wochen, unrasiert sein, Ungeziefer die Fülle usw. sind ebenso schlimm. Voraussichtlich kommen wir Ende September zurück. Es wird die höchste Zeit.

Was machen die Kinder? Wie fühlst Du Dich denn jetzt in Berlin? Ich hatte kürzlich wieder einen regelrechten Grippeanfall. Wir hatten auf der kalten Erde gelegen. Ja, es ist recht ein Hundeleben hier – zum Erbrechen. Wär's nur nicht so lange. Mein Kompanieführer, der bewirkte, daß ich zum Bataillon kam, fiel auch mit mehreren andern.

Nun, liebste Frau, laß wieder von Dir hören! und denke, daß ich zu gern bei Dir wäre!

Kuß, Dein Gerrit

*

Meine Mai, – den Kopf voll Alkohol aus lebhaftem Gespräch mit drei Kameraden über Lersch (die ihn aus der zwölften Kompanie kennen) muß ich Dir, nachts um 1 Uhr im kerzenerleuchteten feuchten Stollen – ein paar Zeilen schreiben. Geht's doch nicht anders. Du glaubst nicht, wie sehnsüchtig ich täglich Deine Briefe erwarte, obwohl alle »Sentimentalität« im Dreck hier erstickt. Liebste kleine Frau, Du *mußt* mir täglich schreiben, ich kann alles andere vermissen, nur das nicht. Ach, wenn nur erst Friede wäre! Und meine Eltern sind wieder da! Ich könnte wieder die Arme recken und mit Hilfe meiner Eltern einen Neu-Kunst-Laden mit Lesezimmer (eventuell Vorträgen) aufmachen, auch Verkauf von Graphik usw.

Meine kleine süße Mai, nun schreib bald und recht lieb! Hörst Du? Ich glaub's ja, daß Du jetzt viel Arbeit hast – aber trotzdem, ein wenig Arbeit dazu: nur immer schreiben! schreiben!

Dein Gerrit

*

23. *September 1918*
*(Schützengraben südlich St. Quentin.)*

Liebste kleine Frau, Dank für Deinen Brief vom 18. Ich konnte Dir damals längere Zeit nicht schreiben. Erstens: weil wir im Rückzug und Wirrwarr der Kämpfe waren, zweitens: weil ich tatsächlich kein Papier hatte, denn das ist hier im Graben nicht zu haben, drittens: weil wir wochenlang im dunklen Stollen Mann an Mann, liegend, sitzend, hockend, stehend, zusammengepfercht waren, so daß an Schreiben nicht zu denken war. Bist Du mit dieser Erklärung zufrieden und beruhigt? (Überhaupt – Ihr macht Euch ja alle keinen Begriff, wie unendlich armselig und hundemäßig ein Soldat in der Gefechtslinie vegetiert. Von Schmutz, Regen, Ungeziefer und Todesgefahr abgesehen.) Es würde mich so unbeschreiblich beglücken, wenn Du mir doch bald die Worte sagen wolltest von dem »Lieben auf Leben und Tod«. Möchtest Du es doch für mich zu sagen vermögen. Mein Herz steht seit Anfang fast nackt vor Dir – Du kennst meinen innern und äußern Menschen und kennst auch den Künstler – soll ich noch mehr tun? Kann ich noch mehr tun? Meine herzliche Leidenschaft wird Dir alle meine Güte und Wärme immer mehr zudrängen. Das wirst Du erfahren, wenn wir erst zusammenleben werden. Dankbar muß ich Dir sein, daß ich unter andern doch der Erwählte bin und Du in schönstem Idealismus, trotz wirtschaftlicher Hindernisse, zu mir halten willst. Den Dank wirst Du wahrhaft ernten in unserer Ehe, und zunehmendes Alter wird nie die Ursache meiner Dankbarkeit mindern können. Liebste Frau, ich habe trotz meiner Bekümmernis die feste erwartungsvolle Zuversicht, daß Du mich in unserer Ehe doch ganz lieben lernen wirst und erkennen, daß das erwählte Herz des hohen Preises wert.

Ich muß sagen, daß ich vor vier Wochen, als Du den lieben Vorschlag einer Kriegstrauung machtest, ebenso freudig beglückt als auch ein wenig erstaunt war, daß Du dies tun wolltest, um mich aus der augenblicklichen Gefahr heraus zu bekommen. Immerhin sind auch diese Motive schätzenswert! – Ich danke Dir von ganzem Herzen. Also, meine kleine süße Frau – sei lieb und bedenke und sag, daß wir in meinem dreiwöchigen Urlaub, den ich etwa Anfang November erhalten werde, ohne daß Du jetzt darum einkommst (es geht nach der Reihe) und auf den ich keinen Einfluß habe – dann unsere Auch-Kriegstrauung halten. Gelt? Ich habe unendliche Sehnsucht nach Dir, und möchte lieber heute als morgen ganz gewiß in Deinen Armen sein!

Hab lieb und sei gut zu Deinem Gerrit, der Dich hundert- und hundertmal küßt!

*

*24. September 1918*
*(Nach einem Meldegang nachts 1 Uhr.)*

Liebe, liebe Liebste! Wie glücklich kann eine Stunde doch machen.

Komm ich aus dem dunklen und feuchten Stollen, eine Meldung fortzubringen. Trete hinaus in die Nacht. Wie beseligt es da, wenn der Vollmond über Dir steht und die Milchstraße bogenglänzt – und Du stampfst durchs Gelände dahin. Allein. Und dann zu denken, daß fern, fern in der Heimat eine kleine rassige Frau ist – daß man eben diese klein-kleine Frau heiraten, daß man bald Hochzeit halten wird! Und weiter zu denken – daß man in der fernen Weltstadt vielleicht Christoph Willibald Ritter von Glucks »Orpheus« dort hören kann – oder aus einer Sängerin Mund den lieben, lieben Eichendorff in Schumanns Melodie:

Und meine Seele spannte
Weit ihre Flügel aus,
Flog durch die stillen Lande,
Als flöge sie nach Haus –

– oder des großen Bach meerbrausende Orgel, seinen mächtigen Basso-Continuo in der Kirche –

Gott, welches Schöne, welche Wunder in der Welt! Und dann: Das Leben! Das Leben!

Gute Nacht, gute Nacht! Küsse Dir statt meiner ein zärtlicher Traum Gesicht und die rosenblassen Lippen!

Gerrit

*

*Schützengraben, 26. September 1918*

Meine kleine süße Dame, wenn ich so denke, daß es nach dem Kriege eine neue Lebendigkeit aufzurichten gibt – so scheint mir die Ehe das einzige zu sein, was meinem menschlichen Leben Sinn, Inhalt und Ziel geben kann.

Dann nur weiß man, wofür und wohin man fortlebt. Und die innigste Gemeinschaft zu Menschen (verlangen wir nicht alle nach dem wahnsinnig Unmenschlichen dieser Zeit danach?) ist doch die zu dem Weibe, mit dem der Mann sein ganzes Sein verschmelzen und erhöhen will – das ihm mehr und höher ist selbst als die Mutter, wie schon die Bibel sagt. Nächste Nähe – umarmendste Wärme, schönste Güte, verständigste Freundschaft: *Gemeinschaft!* Über allem aber in ihr: das drangvollste Herz!

Ich bin einigermaßen bei Zufriedenheit – was man so nennt – ich merk's daran, daß ich wieder etwas musikalisch stimmeriere und vor mich hin summe, wenn ich durchs Gelände turne.

Mein nächstes Buch: »Rhythmus des neuen Europa« (zu dem die letzten Gedichte gehören) gewinnt an Breite und Ziel. Könnt ich's mir erst aus mir heraus schreiben! Nur Zeit, nur Ruhe! Ja, – es fehlt das Heim im Berliner Westen dazu! Na, sicher steuern wir dem Kriegsende zu! Ob's nun im Winter noch oder erst im nächsten Frühjahr ist – kann freilich niemand sagen. Durch die österreichische Note ist jedenfalls die ganze politische Lage insofern geklärt, als der nackte, brutale Vernichtungswille unserer Feinde zutage kam.

Es liebt Dich
Dein Gerrit

*

*Graben, 27. September 1918*

Liebstes kleines Frauchen, schönen Dank für Deinen Brief! Hier ist's ruhiger geworden – die Nerven fangen an, wieder Luft zu pumpen. Du armes Hascherl, sitzt da also in der Fülle der getürmten Sachen – grotesk, nicht wahr? Weißt Du – damit Dein Möbelwagen gesichert ist, müßtest Du Dich obendrauf setzen – aber wenn dann der Wagen spurlos verschwindet und Du mit? Ich freue mich darauf, in der nächsten Zeit recht viel Lesestoff zu bekommen. Es ist eine ganze Liste. Heb mir das »Tagebuchblatt« auf, das ich zuletzt sandte. Also die Quadriga wird erscheinen. Darin – zürne nicht – »Romanze«, die Vershof en gefiel. Wenn ich auf Urlaub komme, werde ich wahrscheinlich auf einem Wege in einer literarischen Gesellschaft in Hannover vorlesen. (So gut es geht.)

Sag – hast Du mich wohl noch lieb – Du kleine Unsentimentale? Hast Du noch das »Kußgefühl« im »Unterbewußtsein?«

Gerrit

*

*Im Unterstand abends 11 Uhr, 27. September 1918*

Liebe, liebe, kleine Frau – ich habe eben (einzige Freude des Soldaten!) allerlei Briefe und Karten aus der Heimat bekommen. Dank auch für Deine Karte vom Wannsee. Aber wie ich nun alles so lese, mich hier und da ein wenig freue – denk ich, daß dies alles, so vielfältig es ist, doch nur im geruhigen Wellenschlag vorbeiplätschert. Wie anders doch alles, wie bewegt und greifend doch das, was zwischen uns lebt! Und warum? eben weil es so oft peinigt und quält und Unmut mit aufschwingender Lust so unerwartet wechselt und unter diesem allem die sänftigende Freude der Gewißheit der einstigen Zusammengehörigkeit strömt. Ist's nicht so? Küß mich! meine Süße, ich hab Dich doch lieb! Weißt Du, ich denke mitunter noch daran, daß Du sagtest, Du würdest mit mir tanzen in unserm Heim und es mich so noch lehren. Kindchen, Frauchen, wird das schön! Daß ich Dich doch erst wieder spürte! Arm an Arm, Hüfte an Hüfte – gehend, ja tanzend, oder plaudernd und küssend! küssend, *wirklich* küssend! – Aber Du wirst nun wieder belustigt sein. Nicht überlegen – denn Du »machst Dir ja fast nichts aus den Männern« – aber darin täuschst Du mich nicht, daß genug (oder zuviel?) Naturmenschlichkeit, Trieb, »Dämonie« unter Deiner bewußten Verdrängung und Zucht ist – wohlverstanden: nicht als ob das Unterbewußte, Ungewollte das Animalische wäre!

Ein paar schöne Sätze fand ich eben in einem erhaltenen Brief: – »Diesen Stillstand (Krieg) haben wir alle zu überleben, und da es in Wirklichkeit keinen Stillstand gibt, wird es sich schon erweisen, wozu dies alles frommt. Niemand kann mich von der Logik abbringen, daß jedes Geschehen irgendeinen Fortschritt bedeutet – auf welchem Wege? – der liegt vielleicht in uns selbst begründet.«

Das sind schöne große Worte, die wir uns alle vorhalten sollten in unserer Neigung zum Pessimismus und Kritizismus!

Nun leb wohl für heute! Gute Nacht! mein Schatzerl!

Sehnsucht peinigt
Leib zu Leibern,
Liebe einigt
Leib in Leibern,
Leben – Schweben
Angstvoll schön!

Gerrit

*

*Cannieres, den 9.(?) Oktober 1918*

Es scheint nun alles irgendwie dem Ende zuzutreiben. Vielleicht daß uns das Schicksal, wie schon so oft in frühern Jahrhunderten, wieder hart prüfen und schlagen will. Dadurch denn der deutschen »Weltherrschaft« der Boden entzogen und dem Materialismus der letzten Jahrzehnte zu einem Teil das Genick gebrochen, und wir Deutschen in unser eigentliches Zentrum, unsere Domäne, durch die wir immer Weltbeherrscher waren und sein werden: in unsere *Geistigkeit* zurückgeworfen werden! Über alles triumphiert der Geist!

Wir sind in den letzten Tagen wieder recht umhergekarrt worden. Sollten abgelöst werden und Ruhe haben und sitzen nun schon wieder in Gegend Cambrai drin. Bilder über Bilder: in Bohain: Rathausplatz; Wagenkolonnen unabsehbar – Kutscher schreiend; rasselnde Kanonen, Zivilisten, französische Bauern in schwarzen Feiertagskleidern, Notwendigstes: Bettzeug, Hausrat mitnehmend, auf Wagen getürmt. Abschub ins Hinterland; wieder andere, alte Leute, ihre Habe auf Schiebkarren vor sich rollend – traurig. Durch dies Gewirre, diese Wagenknäuel: wir, in 22 Lastautos frontnordwärts befördert, nämlich nach Cambrai zu!

Nun sitz ich hier in Cannières, am Rundtisch, zwischen all dem zurückgelassenen Zivilplunder, schreibe noch schnell, und heute abend fahre ich mit der Küche nach vorn, den andern nach, die um 3 Uhr früh hier alarmiert wurden.

Dank, liebste kleine Frau, für Deinen Brief vom 27. In manchen Augenblicken, besonders wenn die Nerven durch all die Aufregung, Gefahr, Strapazen und Hunger deprimiert sind, bin ich ganz mutlos – aber Deine Energie und Zuversicht reißt mich dann doch, wie in dem letzten Brief e, wieder hoch. Dank Dir, mein Schätzchen! Ja – ich bin recht nervös und sehne mich, einmal in Urlaub zu fahren. Aber wann, zu Weihnachten? Vielleicht! Die Zeit vergeht, unerfüllt und quälend. Wann endlich denn Glück in Deinen Armen? nach dieser aufreibenden Gewaltsamkeit der endlosen Kriegszeit?

Es küßt Dich Dein Gerrit, der Sehnsucht nach Dir hat.

# Sang im All

Herrgott, deine blauen Himmel singen,
Deine Wälder brausen immerzu,
Ozeane schäumen uns, umschlingen

Dein Gesicht! Dein Geist in allen Dingen
Atmet Leben, Beben ohne Ruh.

Ohne Ruhe schmettern, saugen, dröhnen
Deine Riesenstädte wild und barsch,
Tag und Kraft und Zukunft zu versöhnen,
Pulsen alle Häuserstraßen, tönen,
Gießen, strömen in den Lebensmarsch.

Deine Völker hassen, wandern, lieben
Unaufhörlich um den Horizont –
Ach, an deine Weltenbrust getrieben
Sollen alle Brust an Brüsten liegen,
Heiß von deiner Güte übersonnt!

Millionen Weltplaneten kreisen
Über uns hinaus nach deinem Sinn!
Kann kein Sternentüpfelchen entgleisen:
Blickt das Herz ins All, gläubig dich zu preisen,
Stöhnt umrauscht der Mensch: ich bin!

Halte Halme, Häuser, Mensch, Äonen
Nah an dich, in deines Rhythmus Trott,
Tausendfaches ruht im Gleichmaß deiner Liebe alle
Zonen –
Laß uns einmal alle in der Liebe wohnen,
Denn das Leben ist nur Gott.

*

## Über tredition

### Eigenes Buch veröffentlichen

tredition wurde 2006 in Hamburg gegründet und hat seither mehrere tausend Buchtitel veröffentlicht. Autoren veröffentlichen in wenigen leichten Schritten gedruckte Bücher, e-Books und audio-Books. tredition hat das Ziel, die beste und fairste Veröffentlichungsmöglichkeit für Autoren zu bieten.

tredition wurde mit der Erkenntnis gegründet, dass nur etwa jedes 200. bei Verlagen eingereichte Manuskript veröffentlicht wird. Dabei hat jedes Buch seinen Markt, also seine Leser. tredition sorgt dafür, dass für jedes Buch die Leserschaft auch erreicht wird.

Im einzigartigen Literatur-Netzwerk von tredition bieten zahlreiche Literatur-Partner (das sind Lektoren, Übersetzer, Hörbuchsprecher und Illustratoren) ihre Dienstleistung an, um Manuskripte zu verbessern oder die Vielfalt zu erhöhen. Autoren vereinbaren direkt mit den Literatur-Partnern die Konditionen ihrer Zusammenarbeit und partizipieren gemeinsam am Erfolg des Buches.

Das gesamte Verlagsprogramm von tredition ist bei allen stationären Buchhandlungen und Online-Buchhändlern wie z. B. Amazon erhältlich. e-Books stehen bei den führenden Online-Portalen (z. B. iBookstore von Apple oder Kindle von Amazon) zum Verkauf.

Einfach leicht ein Buch veröffentlichen: **www.tredition.de**

## Eigene Buchreihe oder eigenen Verlag gründen

Seit 2009 bietet tredition sein Verlagskonzept auch als sogenanntes "White-Label" an. Das bedeutet, dass andere Unternehmen, Institutionen und Personen risikofrei und unkompliziert selbst zum Herausgeber von Büchern und Buchreihen unter eigener Marke werden können. tredition übernimmt dabei das komplette Herstellungs- und Distributionsrisiko.

Zahlreiche Zeitschriften-, Zeitungs- und Buchverlage, Universitäten, Forschungseinrichtungen u.v.m. nutzen diese Dienstleistung von tredition, um unter eigener Marke ohne Risiko Bücher zu verlegen.

Alle Informationen im Internet: **www.tredition.de/fuer-verlage**

tredition wurde mit mehreren Innovationspreisen ausgezeichnet, u. a. mit dem Webfuture Award und dem Innovationspreis der Buch Digitale.

tredition ist Mitglied im Börsenverein des Deutschen Buchhandels.

## Dieses Werk elektronisch lesen

Dieses Werk ist Teil der Gutenberg-DE Edition DVD. Diese enthält das komplette Archiv des Projekt Gutenberg-DE. Die DVD ist im Internet erhältlich auf **http://gutenbergshop.abc.de**

Zeitfracht Medien GmbH
Ferdinand-Jühlke-Straße 7
99095 Erfurt, Deutschland
produktsicherheit@kolibri360.de